KB218547

『금강경』·『반야심경』 읽기
— 무경계의 세상 —

세창명저산책_024

무경계의 세상
『금강경』·『반야심경』 읽기

초판 1쇄 인쇄 2014년 9월 15일
초판 1쇄 발행 2014년 9월 20일
_
지은이 최기표
펴낸이 이방원
기획위원 원당희
편집 조환열 · 김명희 · 안효희 · 강윤경
디자인 손경화 · 박선옥
마케팅 최성수
_
펴낸곳 세창미디어
출판신고 2013년 1월 4일 제312-2013-000002호
주소 120-050 서울시 서대문구 경기대로 88 냉천빌딩 4층
전화 02-723-8660
팩스 02-720-4579
이메일 sc1992@empal.com
홈페이지 http://www.sechangpub.co.kr/
_
ISBN 978-89-5586-210-2 03220

이 도서의 국립중앙도서관 출판시도서목록(CIP)은 서지정보유통지원시스템 홈페이지(http://seoji.nl.go.kr)와
국가자료공동목록시스템(http://www.nl.go.kr/kolisnet)에서 이용하실 수 있습니다.
CIP제어번호: CIP2014025966

세창명저산책_024

무경계의 세상

『금강경』・『반야심경』 읽기

최기표 지음

세창미디어

머리말

　『금강경』은 예로부터 8백여 주석이 있다고 전해질 정도로 2천 년 가까운 세월 동안 시대와 지역, 종파와 학파를 막론하고 많은 이들이 읽고 해설해 온 경전이다. 대승불교의 3대 고전 언어인 산스크리트·한문·티베트어본이 모두 전해지고 있는 많지 않은 경전 가운데 하나이다. 19세기 중반부터 20세기 중반까지 이들 고전어로부터 독어, 불어, 일어, 영어 등으로 번역되었고, 우리나라에서는 조선 세조 때 최고 지식층을 동원하여 언해한 것을 필두로 근래까지 여러 가지 번역과 해설본이 출판되었다. 천천히 읽어도 30분이면 마칠 수 있는 짧은 분량이지만 여기에는 동서와 고금을 관통할 수 있는 깊고도 지혜로운 통찰이 담겨 있다.

"응당 머무는 바 없이 그 마음을 내어라應無所住而生其心"라는 유명한 구절로 대표되는 이 경전의 핵심은 보살도를 행할 때 가져야 할 마음자세와 실천 방법을 밝히는 것이다. 보살이란 어떤 존재인가? 나와 남, 귀한 것과 천한 것의 차별 없이 온 세상을 행복하게 만들고자 하는 이들이다. 왜 이러한 보살행을 행하는가? 자타의 경계가 없는 세상의 본모습에 부합하고자 하는 것이다. 세상은 본래 구별되어 있지 않고 하나이다. 하나의 몸을 두고 심장이나 뇌를 '나'라 하고 다른 신체 부분을 '남'이라 하여 차별할 수 없듯이 세상은 본래 나누어지지 않는 한 몸이다. 이를 '무상無相의 실상實相'이라 하고 필자는 '무경계의 실상'이라고 표현하였다. 이러한 세계의 실상을 논리적으로 밝히고 있는 경전이 『반야심경』이다. 때문에 『금강경』을 이해하기 위해서는 『반야심경』을 앞서 이해해야겠기에 여기서는 두 경전을 함께 해설하였다.

선가禪家에 개구즉착開口卽錯이라는 말이 있다. "입을 열면 바로 어긋난다"는 이 말은 언어가 매개가 되면 실상을 바로 볼 수 없다는 의미이다. 실상은 본래 분리되는 경계가 없고 따라서 각각에 붙는 이름도 없다. 실상은 자신이 직접 보고 온몸으로 느껴야 하는 것이지 언어가 매개되는 사유과정을 통해 헤아리고 추리해서 알아지는 것이 아니다. 또한 언어를 매개로 해서 남에게 전해줄 수도 없다. 개개인의 사유도 언어를 통해 이루어지고 개인 간의 소통도 언어가 매개되지만 이는 마치 아름다운 자연을 사진으로 찍어서 보거나, 웅장한 콘서트를 녹음하여 듣는 것과 같다. 아무리 정교한 사진기와 인쇄 기술이 있어도, 아무리 뛰어난 녹음기술과 음향기계가 있어도 직접 보고 들은 것과는 차이가 날 수밖에 없다.

실상을 설하고 있는 『금강경』과 『반야심경』은 그러므로 언어 자체로 이해하면 안 된다. 이 언어를 매개로 하여 내가 보고 있는 것이 허상임을 자각하고 수행을 통해 직접 실상을 보아야 한다. 그런데 실상을 진정으로 깨닫지도 못한 필자가 출판사의 요청을 덥석 수락하여 다시 언어를 통해 그 실상에 대한 해설을 하려니 뱀에 다리를 그렸을 뿐 아니라 다리에 장식까지 꾸민 듯한 생각이 들어 송구스럽기 그지없다. 그래도 현재 출판되어 있는 수많은 해설서와는 다

른 각도로 접근하였으므로 밝은 눈을 가진 독자들이 이 경
전들을 이해하는 데 새로운 단초를 제공해 줄 수 있으리라
믿으며 상재하고자 한다.

2014(갑오)년 8월
최기표 씀

| 차 례 |

책 읽기에 앞서
─ 반야와 반야부 경전

불교는 철학인가, 종교인가? 별로 중요하지 않은 듯한 질문이지만 불교학을 연구하려 하거나 불교와 관련된 의식, 교육을 행하려 하면 종종 맞닥뜨리는 문제이다. 예를 들면 국가과학기술표준분류체계에서 불교학을 어디에 위치할 것인지, 불교학 관련 도서를 분류할 때 어디에 포함시켜야 할지 등이 그렇다. 그런데 철학에 해당하는 영어 'philosophy'의 어원이 그리스어 '필로소피아philosophia'이고 이 말은 다시 'philos(loving)'와 'sophia(wisdom)'로 구성된 것임을 상기한다면, 또한 이에 대한 번역어로서 '밝을 철哲' 자를 사용했음을 고려한다면 불교학야말로 지극히 철학적인 학문이다. 불교의 창시자인 석가모니는 붓다Buddha라 하고 이 말은 각자覺者, 즉 '깨달은 이'라는 뜻이기 때문이다. 무엇을 깨달았다는 것인가? 그것은 세상의 일체 진리를 깨달았다는 뜻이다. 그러므로 붓다를 '모든 진리를 아는 지혜를 가진 이' 즉 일체지자—切智者;omniscience라고도 부른다.

석가모니가 설한 수많은 교설은 모두 선정을 거쳐 얻은 지혜를 바탕으로 하고 있다. 불교에서 행하는 선禪을 마음을 고요하고 평안하게 하는 정도로만 인식하는 이들이 많다. 그러나 사실 선이란 깊은 사유이다. 선의 원어인 범어 디야나dhyāna는 정려靜慮 혹은 사유수思惟修 등으로 번역되었다. 각각 '고요하게 사려함', '사유를 수행함'이라는 의미로서 마음을 고요하게 한 끝에 깊은 삼매에 들어 온갖 진리를 사유하는 것이 바로 선인 것이다. 철학의 방법이 기본적으로 경험과 관찰을 바탕으로 한 사유와 추리라고 한다면 불교의 교설은 이러한 과정을 거쳐 산출된 지혜를 표현한 것이다. 이는 석가모니에 한정된 것이 아니라 그의 제자들과 2천5백 년이라는 불교 역사상 출현하였던 수없이 많은 불교 성인들이 거쳤던 과정이고 일체지자는 바로 이들 수행자의 목표이기도 하다. 최고의 지혜를 얻는 것을 목표로 하는 불교수행, 수행 과정에서 필요한 방법이 선정 즉 깊은 사유라는 것, 그리고 불교 교리가 이러한 과정을 통해 나왔다는 점 등을 감안한다면 불교는 조금 애매하고 광범위한 외연을 갖는 용어이긴 하여도 '철학'이라는 범주에 집어넣을 수 있을 것이다.

하지만 불교 가운데에는 철학만 있는 것이 아니다. 종교를 절대적인 카리스마charisma에 대한 신앙과 귀의, 큰 능력을 소유한 존재에 의한 구제 등이라고 특징 지어 말한다면 불교에도 이러한 내용이 분명히 있기 때문이다. 예를 들면 중생구제를 서원하고 실천하는 관세음보살의 자비와 그를 신앙할 것을 설해 놓은 『법화경』과 『화엄경』, 극락 정토의 행복과 그 교주인 아미타불의 구제능력 등을 설해 놓은 『무량수경』, 『아미타경』, 『관무량수경』 등의 경전이 그렇고, 또한 불보살 등 성인에 대한 귀의와 엄숙한 종교적 의식 등이 그렇다. 역시 이분법적 논리를 가지고 이것이냐, 저것이냐를 구분하는 것에는 많은 논란이 따를 수밖에 없다.

불교에는 경전이 매우 많다. '매우' 정도가 아니라 평생

걸려도 다 읽을 수 없을 분량이므로 '어마어마하게'라고 표현해도 될 것이다. 이 때문에 예로부터 불교 경전을 주된 내용에 의거하여 몇 가지로 분류함으로써 강독과 연구의 지침으로 삼았다. 특히 중국 남북조 시대부터 수 통일기에 걸쳐 활약한 천태대사 지의智顗, 538~597가 분류한 5시8교라 불리는 교판敎判이 일반적으로 사용되어 왔고, 근대에 들어 일본에서는 활자로 대장경을 인쇄하면서 이를 조금 더 세분하여 경전을 분류하고 있다. 중요한 것만 명기하면 △아함부 △방등부 △반야부 △법화부 △화엄부 △열반부 △경집부 △밀교부 등이 있다. 이 가운데 반야부라고 불리는 일군의 경전들은 불교 가운데 특히 철학적 성격이 가장 강한 것이라고 할 수 있다. 신앙과 복종, 이적과 신비 등의 요소가 거의 없고 순수하게 깊은 사유를 통해 드러나는 진리를 밝히고 있는 것이 주안점이기 때문이다.

반야부 경전으로 분류되는 경전들은 대략 다음과 같은 것들이 있다.

① 『마하반야바라밀경』

구마라집이 서기 404년에 한역한 경전으로 27권 90품으로 이루어져 있다. 보통 '대품반야(경)' 혹은 '이만오천송반야'라 부른다. 축법호가 서기 286년에 번역한 『광찬경光讚經』 10권 27품과 무라차(혹은 무차라)가 291년에 번역한 『방광放光반야경』 20권 90품은 이 경전과 내용이 같은 이역본異譯本이지만 구마라집의 뛰어난 번역 솜씨에 가려 별로 알려지지 않았다. 이 『대품반야경』에 대한 주석서로서 인도의 용수가 저술한 『대지도론大智度論』은 철학적 설명들과 재미있는 설화들이 풍부하게 담겨 있는 대승불교의 백과사전과도 같은 책이다.

② 『마하반야바라밀경』

앞의 경전보다 4년 늦은 408년에 역시 구마라집이 번역한 것으로 10권 29품으로 이루어진, 더 적은 분량의 경전인데 제목이 앞의 경전과 똑같기 때문에 구분하기 위하여 보통 '소품반야(경)' 혹은 '팔천송반야'라고 부른다. 이 경전 역시 구마라집에 앞서 번역된 것들이 있다. 지루가참이 179년에 번역한 『도행道行반야경』 10권 30품, 지겸이 3세기 초에

번역한 『대명도경大明度經』6권 30품, 축법호가 번역한 『마하
반야초경抄經』5권 13품이 그것이다. 이후 시호가 10세기 말
에 한역한 『불모출생삼법장佛母出生三法藏반야바라밀다경』 25
권 32품도 이 『소품반야경』과 같은 내용이다.

　③ 『반야바라밀다심경』

　현장이 서기 649년에 한역한 1권짜리 작은 경전으로 보
통 '반야심경'이라고 부른다. 이역으로 구마라집이 번역한
『마하반야바라밀대명주경』이 있다. 이 두 경전은 '이와 같
이 내가 들었다如是我聞'로 시작하는 서분과, 경을 듣고 난 대
중이 기뻐하는 모습을 묘사한 유통분이 빠져 있으므로 소
본小本이라고 부른다. 서분과 유통분이 모두 포함된, 완전한
경전은 대본大本이라 하는데 법월이 738년에 한역한 『보변
지장普遍智藏반야바라밀다심경』, 반야와 이언 등이 790년에
함께 번역한 『반야바라밀다심경』, 지혜륜이 9세기 중반 무
렵에 번역한 『반야바라밀다심경』, 시호가 서기 980년 무렵
에 번역한 『성불모반야바라밀다경』, 티베트인 법성이 한역
한 『반야바라밀다심경』 등이 그것이다.

④『금강반야바라밀경』

구마라집이 402년에 한역한 것으로서『반야심경』보다는 양이 많지만 다른 경들보다는 분량이 적은 1권짜리 경전이다. 보통 '금강경'이라고 부른다. 이 경전의 이역으로는 보리류지가 509년에 번역한『금강반야바라밀경』과 진제가 562년에 번역한『금강반야바라밀경』, 달마급다가 590년에 번역한『금강능단金剛能斷반야바라밀경』이 있다. 또 불교문화가 개화하던 당 초기, 현장이 648년에 번역하여『대반야경』가운데 9회「능단금강분」에 안치한 것과 의정이 703년에 번역한『능단금강반야바라밀다경』도 있다.

⑤『인왕仁王반야바라밀경』

구마라집이 401년에 번역한 경전으로 2권 8품으로 구성되어 있다. 이역본으로 불공이 765년에 번역한『인왕호국반야바라밀다경』2권 8품이 있다. 국가가 평화롭게 되는 인과관계가 설해져 있어서 예로부터 호국의 경전으로 중시되었다.

⑥『대반야바라밀다경』

현장이 인도에서 범어본을 구해 와서 660년부터 663년까지 번역한 것으로 6백 권으로 이루어진 대단한 분량의 경전이다. 『반야심경』과 『인왕반야경』의 일부를 제외하고 반야부의 경전이 모두 담겨 있다. 이 가운데는 '이만오천송반야', '팔천송반야' 등 기존에 이미 번역되었던 것을 현장이 새로 번역한 것도 있고 '십만송반야' 등 처음 번역한 경전도 있다. 이 경전은 유사한 내용을 담은 여러 경전을 모아놓은 총서인데다 분량이 너무 커서 독송용, 연구용으로는 별로 사용되지 않고 나라의 평화를 지키는 힘을 경전에서 얻고자 비치용으로 주로 활용되었던 것 같다. 외적을 물리치는 힘을 불법에서 구하려는 염원으로 제작된 고려대장경은 이 『대반야경』이 첫머리에 놓여 있다.

이상에서 살펴보았듯이 반야부 경전은 제목에 대부분 '반야'가 들어간다. 즉, '반야'가 이 경전들의 핵심 키워드라는 것이다. 반야는 예로부터 불가에서 '모든 부처님의 어머니諸佛之母'라 하여 중시되었다. 보시·지계·인욕·정진·선정·반야바라밀을 육바라밀이라 하는데 이 가운데 앞의 다섯 가지는 마지막 반야를 얻기 위한 과정이고 또한 반야가 있음으로 해서 앞의 다섯 가지가 바라밀이 될 수 있다고 말한다. 예를 들면 반야가 작용하는 보시나 지계가 되어야 비로소 그 실천이 바라밀의 단계로 오를 수 있다는 말이다. 반야般若란 잘 알려져 있듯이 '지혜'를 뜻하는 범어 프라즈냐 prajña를 음사한 것이다. 앞서 철학의 어원을 살피며 언급하였지만 지혜라는 말은 개념이 매우 광범위한데 이 경전들은 무슨 지혜를 설하는 것인가? 왜 지智나 혜慧라는 한자어가 있는데 굳이 반야라고 음사하는 것인가?

우리는 흔히 지식과 지혜를 구분하여 말한다. 이 두 가지를 엄밀하게 구분하여 정의하기는 어렵지만 영어에서도 'knowledge'와 'wisdom'을 나누어 쓰고 있는 것을 보면 동서양 모두 양자의 차이를 인식하고 있음을 알 수 있다. 대략 생각할 수 있는 양자의 특징을 나열해 보면 지식이란 사실적이고 객관적이며 단편적이다. 경험을 통해 생기는 경우도 있지만 대부분 다른 이에게 배우거나 책을 통해 익히는 것이 지식이다. 이에 비해 지혜는 추상적이고 주관적이며 종합적이다. 스스로의 경험과 사유를 통해 얻어지고, 남에게 배운 것이라도 이를 깊이 사유하여 자신의 것으로 체화해야 생긴다. 단편적인 지식이나 경험을 추상하고 종합하여 보편성을 찾아내는 것이 지혜이다. 지식은 세월이 흐르면서 잊히거나 왜곡되기도 하지만 지혜는 세월이 흐를수록 농익는다. 예를 하나 들어 보자.

물은 높은 곳에서 낮은 곳으로 흐른다. 또한 다른 것을 깨끗하게 해주는 속성을 가지고 있다. 이러한 지식을 바탕으로 노자는 '지극히 선한 것은 물과 같다上善若水'는 지혜를 발견하였다. 만물을 이롭게 하면서도 자신은 낮추는 것에서 인간의 삶 가운데에서 닮아야 할 이타의 모습과 겸손의 미덕을 찾은 것이다. 그런데 반야는 이렇게 묻는다. 무엇이 물인가? 낮은 곳에서 높은 곳으로 올라가려는 수증기나 제자리에 있으려 하는 얼음과 분명하게 구별이 되는가? 높고 낮음은 항구적인가? 우리가 낮다고 하는 곳을 지구 반대편의 사람들은 높다고 하지 않는가?

반야는 일상적인 경험과 사유만으로는 얻기 어려운, 본질적이고 근원적인 문제에 대한 지혜이다. 서양철학사에서 본다면 그리스의 형이상학적 존재론이나 근대 인식론에서 치열하게 탐구되는 주제들에 대한 것이다. 지식이 개별 사물을 분리하고 분별하는 것에서 출발하여 이들 각자의 성질과 상호 간의 영향 관계를 탐구하고, 지혜는 이들을 바탕으로 종합적이고 삶에 필요한 교훈을 찾는다면 반야는 분별 이전에 있는 본래의 세계, 분별되지 않는 진여眞如의 세계에 있는 진리를 본다. 이러한 진리를 불교에서는 진제眞諦라고 한다. 반야는 이 진제에 대한 지혜이다.

'진리는 하나'라고 한다. 대체로 맞는 말이다. 한 가지 사물의 특정한 상황에 대해서 복수의 진리를 인정한다면 과학이 성립할 수 없고 옳고 그름을 논할 수 없다. 진리란 무엇인가? 이에 대해서는 고래로부터 많은 논의가 있어 왔지만 '많은 이가 옳다고 수긍할 수 있는 명제로서 공간적 보편성과 시간적 항구성을 갖는 것'이라고 정의하면 대체로 근접한 이해가 아닐까 싶다. 예를 들어 '물'이라는 언명 자체에 대해서는 거짓 여부를 판단할 수 없지만 '물은 투명한 액체이다'라는 '명제'가 되면 참인지 거짓인지 판단할 수 있어서 진리 여부를 물을 수 있다. 또 '내가 아침에 밥을 먹었다'는 것은 사실과 부합하는지를 따질 수는 있지만 보편성이나 항구성을 갖는 판단이 아니므로 역시 진리라고는 하지 않는다.

그런데 보편성과 항구성이라는 기준에는 정도가 있다. 한국이나 미국에만 통용되는 것보다는 전 세계에 통용되는 것이 진리성이 크고 1백 년이나 2백 년 정도만 옳은 것보다는 1천 년, 1만 년 유지되는 명제가 진리성이 더욱 크다는 것이다. 주위의 진리를 둘러보자. 가령 '여름은 덥다'는 명제는 대체로 맞지만 남극이나 북극에서는 수긍하기 어렵다. '물은 높은 곳에서 낮은 곳으로 흐른다'는 법칙은 모두 진리라 여기지만 대기권을 벗어나면 맞지 않는다. 뉴턴의 고전물리학은 2백여 년간 진리로 여겨졌지만 미립자의 세계나 빛에 가까운 초고속의 세계에서는 적용할 수 없음이 밝혀졌다. 이러한 예들을 보면 우리가 알고 있는 수많은 진리는 공간적으로나 시간적으로 영역을 설정하였을 때 그 한계 안에서만 옳은 것이 거의 대부분이다. 이러한 제한적 진리, 세속에서 유용성을 갖는 진리를 불교에서는 속제俗諦라 하고 공간과 시간의 제약 없이 항상 참인 본질적 진리는 진제라고 부른다. (진제와 속제를 불교에서는 이제二諦라고 하는데 이 밖에도 승의제, 제일의제, 공제와 이에 상대되는 세속제, 세제,

가제 등 다양한 명칭이 있으나 여기에서는 진제와 속제를 주로 사용하도록 한다.)

불교에서는 이렇듯 한 가지 대상에 대해서 언제나 작용하는 두 가지 진리, 즉 이제를 인정한다. 이 두 가지는 양립 불가능한 대립되는 개념이 아니라 오히려 뗄 수 없는 것, 모든 사물과 법칙에 나타나는 두 가지 측면이다. 대신 진제는 겉으로 드러나지 않는다. 눈으로 관찰되거나 촉감으로, 귀로, 코로 파악할 수 없다. 오직 반야로써만 체득할 수 있다. 속제를 인정하지만 그 속에 감추어져 있는 진제까지 바라보는 지혜가 반야인 것이다. 이러한 점에 있어서 어느 한쪽만을 참 진리로 인정하려는 경향을 가진 서양철학과는 차이가 있다고 할 수 있을 것이다.

반야의 범어 프라즈냐는 '앎'을 뜻하는 'jñā'에 '위, 앞'을 뜻하는 접두어 'pra'가 붙은 것이다. 그러므로 '뛰어난 앎' 혹은 '(보통의) 앎에 앞서는 앎' 정도의 의미를 갖는다. '분리'를 뜻하는 'vi'를 붙여 비즈냐vijñā라고 하면 '지식', '인식'이라는 의미가 된다. 지식이 세계를 분리하여 낱낱으로 아는 것이라면 반야는 그 이전의 분별되지 않은 자연의 모습 그대로를 하나로 인식하는 뛰어나고 고차원적인 지혜로서 무분별지無分別智 또는 일체지—切智라고도 한다.

우리는 이제 반야에서 바라보는 세계, 모든 사물과 법칙에 내재되어 있는 진여의 세계, 이를 표현하는 진제에 대해서 논하는 두 가지 경전을 읽으려 한다. 바로 『반야심경』과 『금강경』이다. 진제에 대해 설해 놓은 대표적인 경전을 든다면 앞에서 소개한 반야부 경전 가운데 『대품반야경』이 수위를 차지할 것이다. 그러나 그 핵심을 요약해 놓았고 불자들이 일상 중에 독송하고 있는 『반야심경』만을 보아도 충분하다. 사실 진제는 백만 마디의 말로 설명해도 부족하고 '공空'이라는 한마디로도 이해할 수 있다. 아니 말을 빌리지 않고 몸과 마음 전체로 깨달아야 하는 것이 본래 진제이지만, 언어세계 속에 살고 있는 우리로서 언어를 통해 의미를 주고받아야 하는 지금, 이 두 경전에 설해진 언어를 통해 진제의 세계를 어렴풋이나마 들여다보기로 하자. 진제는 일상의 경험으로 체득할 수 없는, 선정에 깊이 들어서 고도의 사유를 해야 깨달아지는 내용이지만 과학기술의 도움으로 지극히 작은 세계와 거대하게 큰 세계를 볼 수 있게

24

된 현대에서는 이들 지식을 통해 과거 성현들과는 또 다른 방식으로 진제의 세계에 접근할 수 있을 것이다. 또한 우리가 서양식 사고에 익숙해져 있기 때문에 서양의 철학역사에서 논의된 내용들도 반야의 이해에 일정한 정도 도움을 줄 수 있으리라고 생각된다. 우선 『반야심경』은 반야(공)의 이론을, 『금강경』은 반야의 실천을 밝히는 것이 주안점이라고 이해하고 넘어가자.

『반야심경』이라는 경전

　『반야심경』이 불교 의식 등에서 독송될 때는 '마하반야바라밀다심경'으로 시작하지만 본래 이 경전의 제목은 『반야바라밀다심경』이다. 여기에 '위대하다'는 의미의 '마하maha'를 앞에 붙여 독송하는 것이다. 이 경전의 명칭은 범어 프라즈냐 파라미타 흐리다야 수트라Prajñā pāramitā-hṛdaya-sūtra를 옮긴 것인데 흔히 『반야심경』 혹은 『심경』이라고 약칭한다. 여기서 '심'이란 마음이라는 의미도 되지만 그보다는 핵심이라는 뜻이 강하다. 범어의 '흐리다야hṛdaya'는 한자로 '심心' 영어로 'heart'로 번역되는데 이 세 가지 단어 모두 신체의 일부로서 심장과 감정을 느끼는 마음, 그리고 중심 혹은 핵심이라는 의미를 가지고 있다. 인도와 영어권, 그리고 한문권 모두 심장이 인체에서 가장 중요한 부위이며 이 부근에서 감정을 느끼는 것으로 생각한 모양이다.

그런데 서두에서 잠깐 언급하였듯이 『반야심경』은 여러 가지 한역본이 있지만 크게 대본과 소본 두 계통으로 나누어진다. 본래 모든 불교 경전은 "이와 같이 내가 들었습니다如是我聞"로 시작하여 부처님이 언제 어디서 어떤 대중과 함께 있었으며 어떤 배경에서 이 경전을 설하게 되었는지를 밝히는 상황 설명이 먼저 나온다. 이어서 경의 본론이 나온 뒤 마지막에는 이 설법을 들은 이들이 기뻐하면서 받들어 지녔다는 것으로 끝난다. 예로부터 이 셋을 서분序分, 정종분正宗分, 유통분流通分이라 불렀는데 대본은 이 세 부분이 온전히 있는 경전이고 소본은 이 가운데 서분과 유통분이 빠진 채 정종분만 있는 것이므로 온전한 경이라고 할 수 없다. 『반야심경』 자체가 반야부의 핵심을 밝혀놓은 경전인데 소본은 이 가운데서도 다시 핵심만을 추려놓은 경전이 되는 것이다.

소본은 구마라집이 번역한 것과 우리가 텍스트로 사용할

현장이 번역한 것 두 가지가 전하여 오고 대본은 다섯 가지가 남아 있다. 독송에는 대본보다 소본이 편리하므로 소본이 더욱 널리 읽힐 것은 당연하지만 소본 두 가지 가운데 왜 구마라집의 번역이 아니라 현장의 번역이 널리 읽힐까? 이러한 질문을 하는 것에는 그만한 까닭이 있다.

일반적으로 구마라집이 중심이 되어 한역한 경전은 문장이 유려하여 다른 이들의 번역본보다 훨씬 널리 읽힌다. 중앙아시아 구자국 출신인 구마라집Kumārajīva, 344~413은 5호 16국 시대 그의 명성을 들은 전진前秦의 왕이 군대를 파견하여 구자국을 정벌한 끝에 중국으로 모시고 온 수재였다. 구마라집은 불교 교리에 능통할 뿐 아니라 언어능력도 출중하여 그의 번역솜씨는 역대 경전 한역자 가운데 가장 뛰어나다고 일컬어진다. 그러므로 같은 경전에 대해서 여러 가지 번역이 있을 경우 구마라집이 번역한 것이 그 가운데 있다면 다른 경전은 거의 사장되다시피 하고 구마라집의 번역본만 읽힐 정도였다.

구마라집보다 2백5십여 년 후에 활동한 현장도 인도에 오래 체재하고 돌아와서 범어와 교학에 뛰어난 실력을 갖춘 매우 출중한 학승이었다. 그는 기존 경전번역에 문제가 있다고 느껴 의욕적으로 많은 경전을 번역하였고 이후 번역의 새로운 표준을 마련하였다고 기념되지만 구마라집이 이미 번역해 놓은 경전이 있는 경우 현장이 애써서 새롭게 해놓은 번역은 거의 읽히지 않았다. 예를 들면 『금강경』과 『유마경』은 구마라집과 현장이 모두 번역하였으나 거의 전적으로 구마라집의 번역본이 읽힌다. 그런데 단 한 가지 『반야심경』만은 현장의 번역본이 주로 읽힌다. 반야심경을 외울 때 '관세음보살'이라는 익숙한 명칭이 아니라 '관자재보살'로 시작하는 것은 이 때문이다.

『반야심경』이 현장의 번역본으로 읽히는 이유를 짐작할 만한 단서로 현장의 제자인 자은대사 규기가 기록해 놓은 다음과 같은 글이 있다.

현장법사가 인도로 구법여행을 가는 길에 사천성 성도成都에 있는 공혜사空慧寺에 머물게 되었다. 그곳의 한 승려와 대화를 하게 되었는데 그는 법을 구하기 위해 멀고 험한 길을 가려는 현장의 용기를 찬탄하면서 자신에게 삼세제불의 핵심

법문이 있으니 이를 잘 지니면 험난한 여정에서 보호를 받을 것이라면서 범어로 된 경문을 구술하여 주었다. 과연 현장법사가 여행 도중에 재난을 만날 때마다 이 경문을 외우면 어려움을 벗어났다. 천신만고 끝에 현장이 중인도 마가다국의 나란타사에 도착하였을 때 앞서 보았던 승려가 홀연히 나타나서 이전에 전해 주었던 법문의 덕택으로 현장 일행이 무사하였다면서 자신이 관세음보살이라고 말하고는 사라졌다「당범번대자음반야바라밀다심경」.

요약하면 중국을 벗어나기 직전 현장에게 화현한 관세음보살이 『반야심경』을 범어로 구술하여 주었고 현장은 구법여행 중 재난을 만날 때마다 이 경전을 외운 덕택에 구제되었다는 것이다. 현장은 귀국한 뒤 장안의 대홍선사大興善寺 석벽에 이 경전을 범어로 새겨놓고 이 경전을 전수받은 전후 사정과 이 경전의 공덕이 어떠한지를 자신의 경험에 비추어 주위 사람에게 말해준 듯하다.

이러한 설화 같은 경전 전수의 내력은 점차 널리 퍼져 나가 인구에 회자되었다. 그러다가 송대와 원대에 이를 소재로 한 소설들이 나오고 명나라 때 오승은이 이러한 내용들을 집대성하여 장편소설로 재생산한 것이 유명한 『서유기』이다. 삼장법사와 손오공 등의 주인공으로 우리에게 익숙한 『서유기』를 보면 과연 어려움에 빠진 삼장법사 일행을 구제하는 자비로운 존재는 관세음보살이고 이들이 구하는 경전은 오직 『반야심경』한 가지뿐임을 볼 수 있다.

이러한 정황을 감안하면 『반야심경』은 현장 이후에 널리 읽히게 된 것으로 생각된다. 이 경전을 처음 번역한 것은 구마라집이지만 볼륨감이 있고 '격'을 갖춘 다른 경전들에 가려 거의 읽히지 않았고 이 때문에 박학한 현장조차 모르고 있던 경전이었다. 현장이 『반야심경』을 한문으로 번역한 것은 귀국 4년 뒤인 서기 649년 5월 24일 종남산 취미사翠微寺에서였고 번역 저본은 자신이 관세음보살에게 구송받은 내용이었을 것이다. 이 경전은 전수받은 과정과 그 효험에 대한 전설이 알려지면서, 또한 암송하기 쉬운 짧은 경전이라는 이유로 대중 사이에 널리 퍼지게 되었다. 그뿐만 아니라 학승들도 광범위하게 연구하는 경전이 되었다. 『반야심경』에 대한 주석서는 중국에서 저작된 것만 77부에 이르고 한국과 일본에서도 많이 지어졌는데 모두 구마라집의 번역본이 아니라 현장의 번역본을 저본으로 삼고 있다.

이러한 저간의 사정을 통해 현장이 번역한 『반야심경』은 대중에게 애송되었고 현재까지도 각 나라 불교의식에서 거의 빠지지 않고 독송되고 있다. 현장 번역본에 의거하면 『반야심경』은 총 2백60자의 글자로 이루어져 있다. 제목은 원래 『반야바라밀다심경』이지만 독송할 때는 앞에 '마하'를 붙이므로 이 제목까지 포함하면 2백70자가 된다. 워낙 짧으므로 평소 독송하는 관습에 따라 한문 발음 그대로 전문을 옮겨본다.

마하반야바라밀다심경 관자재보살 행심반야바라밀다시 조견오온개공 도일체고액 사리자 색불이공 공불이색 색즉시공 공즉시색 수상행식 역부여시 사리자 시제법공상 불생불멸 불구부정 부증불감 시고 공중무색 무수상행식 무안이비설신의 무색성향미촉법 무안계 내지 무의식계 무무명 역무무명진 내지무노사 역무노사진 무고집멸도 무지역무득 이무소득고 보리살타 의반야바라밀다고 심무가애 무가애고

무유공포 원리전도몽상 구경열반 삼세제불 의반야바라밀다

고 득아뇩다라삼먁삼보리 고지반야바라밀다 시대신주 시대

명주 시무상주 시무등등주 능제일체고 진실불허 고설반야

바라밀다주 즉설주왈 아제아제 바라아제 바라승아제 모지

사바하

전술하였듯이 이 경전은 서분과 유통분이 생략된 소본이

다. 독송에 편리하도록 하기 위한 것이리라. 그러므로 먼저

다른 대본들을 참고하여 이 경전이 어떠한 정황에서 설해

졌는지 살펴보도록 하자.

어느 때 석가모니불이 대비구 1천2백50명, 그리고 문수,

미륵 등 대보살들과 함께 왕사성 영취산에 있었다. 석존은

깊은 삼매에 들어 있었고 관세음보살은 삼매 가운데서 반

야바라밀을 행하여 오온이 모두 공하다는 것을 관찰하였

다. 관세음보살이 삼매에서 일어나자 대중 가운데 있던 사

리불이 관세음보살에게 반야바라밀은 어떻게 익히는 것이

냐고 질문을 한다. 이에 대해 답변해 주는 것이 경전의 주

요 내용이다. 관자재보살과 사리자는 각각 관세음보살과

사리불의 현장식 번역이다.

관세음보살은 사리불에게 반야의 행법을 설해 주고는 마지막으로 "아제아제"로 시작하는 반야바라밀다주를 전해 준다. 이러한 설법이 끝나자 석가모니불이 삼매에서 깨어난다. 그리고는 관세음보살의 설법이 훌륭하였다고 칭찬하여 정법임을 증명한 뒤 참석자들이 기뻐하는 것으로 경전이 마무리된다.

그러면 이제 평소에 읽는 현장의 약본에 의거하여 경문을 살펴보되 고유 명칭은 구마라집의 번역이 더욱 익숙하므로 관자재보살은 관세음보살로, 사리자는 사리불로 바꾸어서 진행하기로 하자. 이 경의 첫 시작은 다음과 같은 내용으로 되어 있다.

관세음보살이 깊은 (삼매에 들어) 반야바라밀을 행하여 오온이 모두 공하다는 것을 비추어 보고 일체의 고통과 재앙을 건너갔다.

이것은 『반야심경』 가운데서도 핵심이 되는 문장으로서

'총설總說'이라 하고 이후의 경문은 다시 이를 부연 설명하는 부분이 된다. 이 문장을 이해한다는 것은 다음 네 가지로 분석될 수 있는 의문을 해결한다는 뜻이다. 첫째 오온이란 무엇인가, 둘째 공이란 무엇인가, 셋째 오온이 왜 모두 공인가, 넷째 오온이 공임을 비추어 보면 고통과 재앙을 벗어나게 되는 이유가 무엇인가? 이 뒤에 이어지는 경전의 부연 설명을 따라가면서 네 가지 의문을 풀어보자.

세상의 모든 것, 오온

색은 공과 다르지 않고 공은 색과 다르지 않으며 색은 공에
상즉해 있고 공은 색에 상즉해 있다. 수상행식도 역시 이와
같다.

관세음보살이 사리불에게 처음 설해준 법문은 색·수·
상·행·식의 오온 하나하나를 열거하면서 이들이 모두 공
하다는 것이다. "수상행식도 역시 이와 같다"는 말은 "수는
공과 다르지 않고 공은 수와 다르지 않으며 수는 공에 상즉
해 있고 공은 수에 상즉해 있다. … 식은 공에 상즉해 있고
공은 식에 상즉해 있다"는 내용을 축약한 것이다. 오온이란

무엇인가?

여기 갑돌이라는 사람이 있다. 이 사람을 남에게 설명할 때 흔히 "머리는 동그랗고 몸통은 날씬하고 팔다리는 길다"는 식으로 말한다. 어떤 사물을 이해하거나 남에게 전달하기 위해서는 먼저 그 사물을 여러 부분으로 분리하여 각 부분별로 이름을 붙이거나 특징을 규정지어야 한다. 어떤 사람을 위의 예와 같이 설명하였다면 신체를 6분하여 외형적 모습으로 이해한 것이다. 그런데 단백질·지방·탄수화물 등이 어느 정도 비율로 이루어져 있다고 말한다면 생화학적으로 구성요소를 나눈 것이고, 육신은 보잘것없지만 영혼은 순수하다고 표현하였다면 영육이원론에 입각한 종교적 관점으로 사람을 묘사한 것이다. 불교경전에서는 한 사람에 대해서 설명할 때 다섯 가지 요소로 분별하니 오온이 그것이다.

색色이란 안·이·비·설·신의 오근五根과 색·성·향·미·촉의 오경五境, 그리고 오관에 의해 포착되지는 않지만 색법의 특징을 갖는 것(무표색, 혹은 법처에 포함되는 색이라 한다)을 말한다. 이 열한 가지는 모두 변하여 소멸되고 공간을 점유하며 서로 장애가 되는 특성을 갖고 있다는 점에서 한 종류로 분류한다. 보통 물질이라고 번역하는 경우가 많은데 소리나 촉감은 곧바로 물질이라고 부르기에는 조금 마땅치 않으므로 물질적 존재라고 설명하기도 한다. 그리고 흔히 마음이라 불리는 것은 수·상·행·식의 네 가지로 나누어진다. 이를 다시 조금 더 상세히 설명해 보자.

먼저 색온으로 분류되는 오근이란 일반적으로 눈·귀·코·혀·몸이라고 번역하지만 이는 정확한 것은 아니다. 즉 안구, 귓바퀴 등 근육이나 살로 이루어진 곳은 불교용어로 부진근扶塵根이라 하는데 이 자체는 보고 듣는 기능이 없고, 눈에 보이지 않는 청정하고 미세한 색법으로 이루어진 승의근勝義根이 본래 말하는 오근이다. 요즘으로 치면 감각세포나 신경세포처럼 현미경 같은 보조기구 없이 육안만으로 확인할 수 없는 부분을 말하는 듯싶다. 그리고 이러한 다섯 가지 인식기관에 포착되는 정보들, 안근에 포착되는 모양과 색깔, 이근에 포착되는 소리, 비근에서 받아들이는 냄새, 설근에서 느끼는 맛, 신근에서 감각되는 감촉 이렇게 다섯 가지가 색온 가운데 한 부류를 이루는 오경이다. 이들은 자신의 신체를 포함하여 외부에 있는 사물들에게서 제공된다.

색법인 오근과 오경 외에 심법인 의근이 있어서 이를 합쳐 육근이라 한다. 의근의 대상이 되는 것은 법경이라고 부른다. 오근에 오경이 포착되거나 의근에 법경이 떠오르면 일반적으로 의식이 그곳에 달려가 생각작용이 일어나는데 이것을 넷으로 분류한 것이 수·상·행·식의 사온이다.

사람들이 생각을 일으키는 과정을 살펴보면 대개 현재 근처에 있는 외부의 존재나 상황이 먼저 생각의 재료를 제공한다(옛 일을 추억하는 것과 같이 과거의 기억을 재료로 삼아 생각하는 경우도 있다). 육근과 의식이 잘 작동하여 사물을 인식할 수 있는 사람 A에게 모양이나 소리, 냄새, 맛, 촉감이 나타나면 육근이 이를 포착한다. 외부의 대상이 있다고 늘 포착하는 것은 아니다. 한 생각에 빠져 있을 때는 눈앞에 사물이 나타나도 보이지 않고 소리도 들리지 않는 것처럼 의식이 그 대상으로 가야 한다. 이렇게 경과 근과 식의 세 가지가 맞닿으면 바로 느낌이 생긴다. 그것은 좋은 느낌이거나 싫은 느낌 혹은 그저 그런 느낌이다. 이를 불교에서는 삼사 화합三事和合하여 촉觸이 이루어지면 고·락·사(捨=不苦不樂;그저그럼)의 수受;느낌가 생긴다고 말한다. 이 느낌을 일으킨 대상은 곧바로 의식(제8 아뢰야식) 속에 저장된 기억을 불러 일으켜 현재의 대상과 맞추어보는 마음작용으로 연결되는데 이를 상想;연상이라 한다. 지금 감각된 정보에 대한 기억이 의식 속에 저장되어 있지 않으면 우리는 그것을 인식하지 못하거나 그와 유사한 것을 연상하게 된다. 이러한 연상을 통해 외부 대상에 대해 인식을 곧바로 하는 것이 아니라 중간에 주관적 감정이 개입되니 이를 행行;조작이라 한다. 이 때 개입되는 마음작용으로는 믿음, 부끄러움과 같이 선한 성질을 갖는 것이나 의심, 자만심과 같이 번뇌라 불리는 것 등 여러 가지가 있다. 이러한 과정을 거쳐서 육근에 포착된 대상이 무엇인지 최종적으로 분별하는 것을 식識;인식이라 한다. 오온의 발생순서는 다를 수 있지만 이 과정은 매우 짧게 찰나적으로, 그리고 어느 것 한 가지도 빠지지 않고 반드시 일어난다. 단, 무색정이라는 깊은 삼매에 들어가면 색의 작용이 없으며 이보다 더 나아가 멸진정(滅盡定=상수멸정)이라는 가장 깊은 삼매에 들어가면 수와 상의 작용도 일어나지 않는다고 한다.

　구체적인 예를 들어보자. 배고픈 사람이 길을 가다가 무슨 구수한 냄새(색)를 맡았다. 그 순간 좋은 느낌(수)이 생기고 기억 속에 저장해 놓은 냄새들과 대조해 보아(상) "맛있는(행) 된장찌개 냄새(식)"가 난다고 인식한다. 그 냄새는 사실 된장찌개 냄새일 수도 있고 아닐 수도 있다. 단지 이 사람은 지금 배가 고프고 과거에 된장찌개를 맛있게 먹으면서 이와 유사한 냄새를 맡았던 기억이 있으므로 이렇게 인식하게 된 것이다. 그런데 만일 이 사람이 배가 부른 상태이거나 된장찌개를 싫어하거나 혹은 된장찌개를 전혀 모른다면 상황이 달라진다. "고약한 발 고린내"라고 인식할 수도 있고 "그저 그런 이상한 냄새"라고 판단할 수도 있다. 이는 인식과정에서 상과 행이 다르게 작용한 때문이다.

　또 세 명이 함께 있는데 그 앞을 강아지 한 마리가 지나간다고 하자. 다른 생각에 빠져 있지 않다면 A, B, C는 그것을 보자마자 "강아지"라고 인식한다. 그런데 이 인식의 내용은 세 명이 모두 다르다. A는 어릴 때 개에게 물려 몹시 아프고 공포에 떨었던 트라우마가 있다. 그는 강아지를 보자마자 괴로운 느낌과 함께 개에게 물렸던 때와 관련되는 연상, 그리고 무서움 혹은 분노 등과 연관되는 감정이 섞인 채 "강아지"라고 판단한다. 또 평소에 강아지를 몹시 귀여워하는 B는 복슬복슬한 털이나 귀여웠던 강아지의 행동에 대한 느낌, 별로 좋아하지 않는 C는 무덤덤하게 기억해 두었던 모습을 떠올리면서 각각 그것에 상응하는 감정이 묻어 있는 채 판단이 내려진다. 이러한 판단의 과정은 찰나라고 하는, 길이를 측정하기 어려울 정도로 짧은 시간에 이루어진다. 야구경기에서 투수가 던진 공이 포수에게 도달하는 시간이 평균 0.44초라고 한다. 이 사이에 타자에게는 공의 성질을 짐작하고 배트를 휘두를지를 결정하여 스윙하라고 명령을 내리는 많은 인식과 판단이 이루어지므로 사람의 인식이 얼마나 순식간에 이루어지는지 짐작할 수 있을 것이다.

여기서 행온行蘊에 대해 조금 부연하고 넘어가자. 본래 행이란 조작, 변화 등의 의미를 갖는 범어 상스카라samskāra를 번역한 말로서 색·수·상·식을 제외한 모든 유위법을 말한다. 찰나적으로 인식이 일어날 때는 행온 중에서 특히

'조작'이라는 의미를 갖는 사思가 반드시 작용한다. 그리고 상황에 따라 믿음, 부끄러움, 분노, 질투와 같은 다른 행온들이 결합된다(행온의 본질은 '사'이고 다른 행온들은 사의 내용일 뿐이라고 주장하는 학파도 있다). 그러므로 행은 모든 인식과정에 반드시 개입하여 본래의 모습을 왜곡시키는 작용을 한다. 이는 자신의 의지와 관계없이 무의식적으로 일어나는 일이므로 행을 '의지작용'이라 번역하는 것은 매우 잘못된 것이다.

그런데 모든 사람에게는 매일 이와 같은 인식작용들이 끊임없이 일어난다. 무엇을 보고, 듣고, 맡고, 맛보고, 감촉하는 것이 있으면 이를 바탕으로 수–상–행–식이 진행되는 과정이 수도 없이 이루어지는 것이다. 즉, 사람이란 수도 없이 많은 색과 끝도 없이 일어나는 수·상·행·식이 중첩되어 있는 존재이다. 그러므로 이들 각각을 '쌓을 온蘊' 자를 써서 색온 내지 식온이라고 부르는 것이다. '온'이란 '쌓임', '집합' 등의 의미를 갖는 범어 '스칸다skandha'를 한역한 것으로서 번역자에 따라서는 '무리 중衆', '우거질 음蔭→陰', '모일 취聚'라고 한역하기도 한다. 사람이라는 존재를 아무리 분석해 보아도 이들 오온의 무더기에서 벗어나는 제3의 요소는 없다. 뒤집어 말하면 색·수·상·행·식의 다섯 가지 부류의 집합으로써 사람이라는 개체 전체를 설명할 수 있다는 것이다.

사람은 자신의 신체 자체가 색깔과 모양, 냄새, 맛, 촉감을 가지고 있고 때로는 소리도 낸다. 그리고 이들을 인식하는 다섯 기관을 가지고 있으며 이들을 마음으로 인식할 때 다시 수-상-행-식이라는 요소들로 구분할 수 있다. 사람은 이 다섯 가지의 적집물이다. 이 외에 별도의 구성물이나 영혼과 같은 요소는 없다. 그런데 세상의 만물도 또한 이 다섯 가지를 벗어나지 않는다. 눈앞에 놓여 있는 산은 내게 눈으로 확인되는 모양과 색깔, 귀로 들리는 물소리나 새소리, 코로 확인되는 숲 내음, 신체로 감지되는 부드러운 흙의 촉감 등의 총체일 뿐이다. 그리고 그 산은 개개인의 수·상·행·식을 통해 파악되고 개개인에게 각기 다르게 존재한다. (존재가 인식과 별도로 있는 것이 아님은 뒤에 설명하기로 한다.) 이렇듯 오온이란 하나의 개체로서 사람을 분류할 때도 사용되지만 세상 만물 전체를 분류할 때도 그대로 적용된다.

불교에서는 사람을 포함하여 육도 각각에서 살고 있는 개개 중생이나 세상 만물이 오온으로 이루어진 것이라고 말하고 있지만 이 오온을 물리적 혹은 화학적인 구성 요소 element와 같은 것으로 이해하면 또한 문제가 있다. 의자는 네 개의 다리와 앉는 부분, 그리고 등받이 등의 요소들이 물리적으로 결합되어 이루어진 것이고, 물(H_2O)은 수소원자(H) 두 개와 산소원자(O) 하나가 화학적으로 결합해 이루어진 것이므로 수소와 산소를 구성요소라 이해할 수 있지만 오온을 이처럼 이해하면 안 된다는 것이다. 오온 하나하나가 분리되지 않으므로 각각 독립된 실체가 아니며, 설사 분리될 수 있다 해도 오온의 다섯 가지를 모아 놓는다고 사람이나 세상이 이루어지는 것은 아니기 때문이다. 단지 사람이나 만물을 인식하고 이해하기 위하여 가상으로 분별하는 범주적 도구일 뿐임을 놓치면 안 된다.

그런데 왜 세계 전체를 분류하면서, 혹은 사람이라는 한 개체를 설명하면서 구체적 사물은 색 한 가지로 묶고, 보지도 잡지도 못하는 마음을 수·상·행·식 네 가지로 분류한 것일까? 세계의 모든 것은 사실 객체 혹은 사물이라 불리는 것보다 주체 혹은 마음이라 불리는 부분이 훨씬 많다. 마음에는 세계의 모든 것이 담겨 있을 뿐 아니라 세계에는 없는, 마음이 만들어 내는 '토끼 뿔', '거북 털'과 같은 존재나, 크거나 작다는 등의 판단도 있기 때문이다. 그리고 세상이 존재하거나 가치 있게 되기 위해서는 마음의 역할이 1차적이고 훨씬 중요하다. 몸과 외부존재와 같은 사물은 하나로 묶고, 보이지 않고 미세하여 일상적으로는 간과되고 있지만 한층 중요한 마음을 네 가지로 분류하는 것은 양적으로나 질적인 측면에서 세계의 현실을 매우 잘 반영한 분류라고 보인다. 그러므로 불교는 세상의 그 어느 종교나 학문보다도 마음의 구조나 작용에 대한 연구가 치밀하고 섬세하다.

오온은 사람이 어떤 존재인가를 설명하는 분류방식이기도 하고 또한 세상의 모든 것을 나누는 방식이라고도 하였는데 이후에 설명하겠지만 오온을 조금 더 세분하여 십이처, 혹은 십팔계로 분류하기도 한다. 이 모두 '인식하는 나'를 중심으로 두고 세계를 나눈 것이다. 우리가 보통 알고 있는 세상의 분류는 서양의 방식으로서 이와는 다르다. 서양에서는 아리스토텔레스 이후 세상을 생물과 무생물로 나누고 생물은 다시 식물과 동물 두 가지로 분류하였다. 우리가 중·고등학교 다닐 때 외우던 계-문-강-목-과-속-종은 이러한 분류를 위한 체계이다. 하지만 과학이 발전하면서 균이나 바이러스와 같이 식물과 동물의 성질을 동시에 갖는, 분류하기 모호한 것이 발견되니 생물의 가장 큰 분류인 계는 세 가지, 네 가지, 다섯 가지로 점차 많아졌다. 향후 관찰도구가 발전하고 조사 범위가 더욱 넓어지면 생물의 계는 이보다 더 많아질 수도 있다. 마찬가지로 분류의 가장 작은 단계인 종은 새로운 발견과 인위적인 교배 등을 통해 계속 늘어나고 있다. 분류를 한다는 것은 이처럼 단순하지 않은 문제이고, 그러므로 '일체', 즉 '세상의 모든 것'을 구체적으로 논하기도 매우 어렵다.

이 양자의 분류 방법을 비교해보면 근본적인 차이가 있다. 아리스토텔레스적 사고를 이어받은 과학에서는 세계에 대해 논할 때 관찰자가 세계 바깥에 있으며, 인식하는 나를 포함한 일체를 객관에 놓여 있는 세계로서 분류한다. 적어도 세계를 관찰하는 동안 인식능력을 갖고 있는 그 무엇은 내 신체를 벗어나는 '이체유탈'을 해야 한다. 이에 비해 불교에서는 '인식하는 나'를 중심으로 하여 '인식되는 세계'를 주관적으로 분류하고 있는 것이다. 문학용어로 하면 전자는 전지적全知的 작가 시점으로서 세계 밖에서 세계를 들여다보고 있는 것이고 후자는 1인칭 시점으로서 나에게 인식되는 세계를 분류하여 기술하고 있는 것이라고 할 수 있다. 1인칭 시점으로 하면 과거에 과학에서 논란이 되었던 빛이 입자냐 혹은 파동이냐 하는 문제는 발생하지 않는다. 빛은 안근에 포착되는 색경이고 거기에 수반되는 열은 신근에서 감지되는 촉경이다.

그런데 사실 어느 누구도 나와 분리되어 객관적으로 존재하는 세계를 본 적이 없다. 서양철학에서 이러한 문제의식은 데카르트의 코기토cogito에서 출발하여 칸트, 후설 등을 거쳐 하이데거와 사르트르 등의 실존주의 철학으로 이어진다. 독일의 철학자 칸트Kant는 자연 세계의 본질은 인간에게 그대로 알려지는 것이 아니라 인식의 범주Kategorie를 통해 파악되는 '현상'뿐이라 하였고 이후 후설Husserl은 이러한 이론을 더욱 발전시킨 현상학을 확립하였다. 그는 외적 사물에 대해서는 판단을 보류한다는 의미로 괄호를 쳤다. 이들의 인식이론은 불교와 일부 유사한 측면이 있지만 철학자들이나 지식인들 사이에서만 논의될 뿐 일반 대중의 실생활에서는 과학의 힘에 밀려 영향력을 크게 미치지 못하였다. 이들의 시각이 과학에 응용되기 시작한 것은 아인슈타인, 하이젠베르크 등에 이르러서였다. 사물의 운동은 관찰자의 상태와 분리되지 않는다는 것을 말하고 있는 상대성원리나 관찰을 위한 빛의 간섭으로 미립자의 위치와 운동을 동시에 포착할 수 없다는 불확정성원리는 1인칭 관찰자 시점으로만 세상을 바라볼 수 있음을 보여주는 과학적 발견이라 할 수 있다.

실체를 잡을 수 없다, 공

경전에서 오온은 공과 다르지 않다고 하였으니 이제 공에 대한 이해가 필요한 시점이다. 공을 언어로 분별하여 설명할 때는 아공과 법공으로 나누는 것이 일반적이다. 아공에 대해서는 뒤에 『금강경』을 읽을 때로 미루어 두고 여기서는 법공에 대해 생각해 보자.

"법에는 아가 없다"는 것이 법공의 내용이다. 이 문장을 이해하기 위해서는 '법'이라는 개념과 '아'라는 말의 의미를 알아야겠다. 범어로 다르마dharma, 한문으로 번역해서 법法이라는 말은 불교에서 매우 다양한 의미로 쓰이지만 중요한 것은 대략 세 가지로 나눌 수 있다.

첫 번째 용법으로는 우리 주변에서 흔히 보고 느낄 수 있는 사물이나 법칙을 가리키는 경우이다. 그냥 '존재하는 모든 것'이라 이해해도 크게 틀린 것은 아니다. 다만 이 법은 나와 별도로 외부에 있는 것이 아니라 내게 '인식된' 것을 가리킨다는 점은 앞의 오온 설명에서 짐작하였을 것이다. 두 번째는 사물들을 이루고 있는 1차적이고 기본적인 요소를 가리키는 경우이다. 오온이나 지·수·화·풍의 사대, 내지는 5위75법(유식에서는 5위100법) 등이 그것이다. 고대 인도 (부파)불교의 전문 학자들은 사물들이 존재하고 인식되기 위한 여러 가지 기본적인 요소를 법이라고 하는 경우가 많은데 한역 경론에서는 이럴 때 특히 법이라는 번역어보다는 달마達磨라는 음차어를 사용하는 경향이 있다. 그런데 근본적 요소로서의 법이 단독으로 존재하는 일은 없기 때문에 '제법무아'라고 할 때의 '법'은 요소라는 의미로 받아들여도 되고 사물이나 법칙 일반을 말하는 것으로 이해해도 좋다. (다만 설일체유부說一切有部라는 옛 학파는 이러한 법-다르마들은 실재한다고 주장하였다고 하여 비판받는다.) 세 번째 용법으로는 세계의 진리, 혹은 이를 언어로 설명한 불타의 교설이라는 의미로 사용된다. 석존의 마지막 유훈이라고 말하는 '자등명 법등명'의 법은 이러한 용례라 할 것이다. 이 가운데 첫 번째와 두 번째 용법의 법, 즉 일체의 존재들은 모두 아가 없다. 또한 세 번째 용법의 법이라도 진리 그 자체가 아니라 언어나 문자로 표현된 법이라면 또한 아가 없다. 이를 다시 정리하면 일체 사물을 이루는 기본적 요소나 이 요소들이 모여서 만들어내는 사람·사물 같은 개체, 그리고 이들을 언어로 기술하는 진리에는 '아'라고 할 것이 없다는 의미이다.

아가 범어 아트만ātman의 한역임은 잘 알려져 있다. 이는 자아, 영혼, 본질, 특색 등의 의미를 갖는다. 아트만은 예로부터 '상일常一'과 '주재主宰'의 성질을 갖는 것이라고 정의되어 왔다. '주재'라는 말은 '능동성' 혹은 '주인'과 유사한 의미이지만 이는 생명체에 대해 말할 때 이해가 쉬우므로 뒤에 아공我空을 설명할 때 논하기로 하고 여기서는 '상일'만을 고찰해보자. 상일은 다시 두 가지로 세분할 수 있는데 '상'이란 시간적으로 변함없이 동일한 성질이나 모습을 유지하는 것을 의미하고 '일'이란 공간적으로 다른 사물과 분리, 독립하여 자체적으로 있는 것을 말한다.

주위의 사물을 예로 들어 상일성에 대해 살펴보자. 산이란 평지보다 높게 솟아 있는 땅을 말한다. 그런데 산과 평지 사이에는 경계가 없다. 마을에서 걷기 시작하여 산 입구에 들어서서 등산한다고 하는데, 어느 지점부터 산이라고 부를 것인가? 산 가운데 높이가 낮으면 동산 혹은 언덕이라고 부른다. 세월이 흐르면서 이 산의 흙이 점차 빗물에 씻기고 땅 자체가 꺼지는 현상도 겪다 보면 평지로 변하게 될 것이다. 그런데 어느 시점부터, 얼마나 낮아지면 언덕이라고 부를 것인가? 서울 복판에 있는 남산은 해발 262미터 정도로 서울 시민들의 사랑을 받고 있는 산이다. 하지만 해발 1천9백15미터인 지리산 부근에 사는 사람들이 서울 남산을 보면 산이라고 느낄까? 더욱이 7천 미터 이상의 산들이 즐비한 히말라야산맥 주변의 주민들이 남산을 본다면 "저것도 산이라고 부르는가?"라고 얕잡아볼 것이 분명하다. 산과 산 아닌 것, 평지나 언덕을 엄밀하게 나누는 것은 불가능하다. 평지에서 길고 넓게 흘러 바다에 들어가는 물줄기를 강이라 하고 크기가 작으면 개천, 더 작으면 시내라

하지만 시내와 개천, 강과 바다는 하나로 이어져 그 사이에
는 아무런 경계가 없다. 시내에서 개천이 되고 개천이 강이
되고 나아가 바다가 되는 것은 징검다리 건너듯 한 사물에
서 다른 사물로 도약하는 것이 아니고 연속되는 한 가지 사
물을 임의로 나누어 이름 붙인 것에 불과하다. 산과 비非산,
강과 비강을 나누는 것이 불가능하다면 "이러저러한 것은
산", "여기서부터 여기까지는 강" 등으로 명확히 구분하여
잡을 수 있는 실체가 모호해지게 된다.

　또 다른 예를 보자. 물은 축축하고, 높은 곳에서 낮은 곳
으로 흐르는 성질이 있다. 그리고 형상은 투명하고 유연하
다. 그런데 물은 가만히 있지 않고 끊임없이 유동한다. 온
도가 높아져 섭씨 100도 정도가 되면 수증기가 되고 낮아
져서 섭씨 0도 부근이 되면 얼음이 된다. 이때 물은 축축하
거나 유연한 성질과 모습을 잃고 만다. 그런데 물과 수증
기, 물과 얼음 사이에는 분명한 경계가 없다. 결국 "대략 이
정도 온도에서 이 정도 모습과 성질을 가지고 있으면 물이
라고 하자"는 우리끼리의 약속에 따라 물이라는 것이 존재
하는 것이다. 개구리는 어릴 때 올챙이로 불리고 더 어리면

알이라 하지만 이 또한 명확하게 경계선을 그을 수 없다. 시간이 흐르면서 이전의 모습이 변화하는데 이 가운데 물과 물 아닌 것, 개구리와 개구리 아닌 것을 명확히 분별할 수 없으며 따라서 "이것은 물", "이것은 개구리"라고 확정할 실체가 없는 것이다. 이렇듯 시간적·공간적으로 분리되고 분별되는 것은 사물 자체가 갖는 고유한 성질이나 모습에 기인하는 것이 아니라 우리가 정한 약속에 따라 임의로 분리하여 명칭을 붙이는 것이다.

우리가 분별하여 이름 붙여준 세상 만물은 모두 이러하다. 자연 그대로의 모습은 각각의 사물들이 분리되지 않으며 또한 고정되어 있지 않고 늘 변화한다. 이는 모든 사물이 시간적으로나 공간적으로 분리되는 경계가 본래 없기 때문이다. [트랜스퍼스널 심리학의 바이블로 꼽히는 명저 『의식의 스펙트럼The Spectrum of Consciousness』(1977)을 쓴 켄 윌버Ken Wilber는 이 책의 대중판이라고 자평한 『무경계No Boundary』(1979)라는 책에서 세상에는 이분법적으로 분리할 수 있는 경계가 없음에도 스스로 경계선을 그어 '나'라는 울타리를 치고 있음을 탁월하게 통찰하고 있다. 필자는 불교의 반야사상을 공부하면서 계속 '무경계'를 되뇌었는데 2012년에 번역되어 나

온 이 책의 제목을 보고 깜짝 놀랐다.]

경계가 없으므로 정확하게 '그것'만을 포착할 수 없다. 외견상 조금 단단해 보이고 고정된 듯이 보이는 색법이 그러한데 하물며 보이지도 않고 잡을 수도 없는 수·상·행·식의 마음법은 어떠하겠는가? 이들을 관찰하고 정의하기 위해 붙잡으려 하면 손바닥 위에 놓인 눈송이가 녹듯, 모래가 손가락 사이로 빠져나가듯 잡히지 않으니 그 실체는 허공과도 같다. 이렇듯 붙잡을 수 있는 고정된 알맹이가 없는 성질을 공이라 한다. 이는 법의 용법 가운데 첫 번째인 사물 일반에 대해 상일성이 없어서 그 실체를 잡는 것이 불가능함을 보여주는 것이다.

그렇다면 여러 가지 사물을 이루는 기본 요소, 즉 법의 두 번째 용법에서 지칭하는 미세한 사물들은 어떠한가?

우리 주변의 사물들을 관찰해 보면, 여러 가지 부분이 모여서 이루어진 복합체임을 알 수 있다. 자동차는 철판과 유리, 엔진과 바퀴 등이 모여서 이루어진 물체이고 한 그루 나무는 뿌리와 줄기, 가지와 잎 등 부분들로 구성되어 있다. 문장은 단어가 모여서 된 것이고 단어는 다시 자음과 모음으로 분해된다. 다양한 물체의 색깔은 빨강·노랑·파랑의 삼원색으로 이루어지고 여러 형태는 사각형과 원형, 더 근본적으로는 점과 선으로 구성된다. 이렇듯 다른 사물들을 이루면서 상대적으로 작고 단일하며 근본적인 사물을 요소要素;element, 혹은 원소元素라고 한다. 그런데 사물들을 계속 쪼개어 본다거나 열을 가해 화학적 변화를 준다거나 하는 방식으로 더욱 근본적인 것을 찾아가다 보면 최종적으로 자신은 변하지 않고 더 이상 쪼개어지지도 않는 '단일한 것'이 있으리라고 생각할 수 있다. 동서양 모두 고래로 이러한 사고가 있어 왔는데 서양에서는 이를 원자론Atomism이라고 부른다.

자신은 변치 않으면서 다른 사물들을 이루는 기본 입자와 같은 것을 찾으려는 노력은 오랜 세월 동안 기울여졌다. 고대 그리스의 자연철학자들 가운데 기원전 5세기에 활약한 엠페도클레스Empedocles는 물·불·흙·공기의 네 가지 원소가 적당히 배합되어 우주를 이룬다고 주장하였다. 이어서 레우키포스Leukippos와 그를 이은 데모크리토스Democritos가 쪼개어질 수 없는 근본입자가 있을 것이라고 가정하고 그 이름을 '나눌 수 없는'이라는 의미의 아톰atom이라고 하였다. 이 이론은 실제 관측을 통한 것이 아니고 사변을 통해 이루어진 것이므로 형이상학적 원자론이라고 부른다.

이보다 이른 시기 석가모니가 생존해 있던 고대 인도에서는 세상은 신이 창조한 것이라는 정통 브라마니즘 Brahmanism을 부정하면서 세상은 본래부터 있는 여러 가지 요소로 이루어졌다고 주장하는 이들이 있었다. 아누anu라 불리는 미립자의 수와 내용에 있어서는 주장하는 이에 따라 조금씩 차이가 있으나 기본 요소가 쌓여서 만물을 이룬다는 생각은 동일하므로 이들의 주장을 적취설積聚說이라고 불렀다.

인도의 적취설은 석존에 의해 일찌감치 부정되었으나 그리스에서 시작한 서양의 원자론은 근대에 이르러 재도약하게 된다. 프랑스 물리학자 피에르 가상디P. Gassendi는 데카르트와 대척하며 원자설을 주창하였고 아일랜드 출신의 로버트 보일R. Boyle은 모든 물질이 단단한 입자로 구성되어 있다고 생각하고 열도 미립자의 운동이라 주장하였다. 17, 18세기의 일이다. 이어서 영국 출신의 존 돌턴J. Dalton에 의해 화학적 원소들의 질량 등이 알려지면서 원자론은 형이상학을 벗어나 과학의 일부분이 되었다. 돌턴이 그리스어에서 차용하여 '원자atom'라고 이름 붙인 화학적 원소들은 곧이어 전자가 발견되고 분할될 수 있음이 알려지면서 원자가 근본적 입자라는 생각은 수정되어야 했다. 20세기에 들어서면서 원자는 양성자와 중성자로 이루어진 원자핵과 그 주변을 도는 전자로 이루어져 있고 이것이 더 이상 분할할 수 없는 기본입자, 즉 소립자素粒子로 생각되었지만 뒤이은 실험결과에 따라 이들도 더 작은 물질로 이루어져 있음이 알려졌고 머레이 겔만M. Gell-Mann과 조지 츠바이크G. Zweig는 이를 쿼크quark라고 이름 지었다.

대부분의 입자물리학자들은 입자가속기라는 거대한 실험장치를 통해 쿼크가 쪼개질 수 있을지, 더 이상 분할되지 않고 스스로 존재하는 기본 입자가 무엇인지 찾으려는 노력을 계속 경주하겠지만 '법무아'를 진리라고 하는 불교의 입장에서 보면 이는 부질없는 시도일 것이다.

불교에서는 이미 서양에서 말하는 '요소'와 가까운 개념으로서 '법', 예를 들면 오온이나 지·수·화·풍의 사대四大,

색·향·미·촉의 사진四塵들이 그 실체가 없다고 천명하고 있기 때문이다. '쪼개지지 않는다'는 본래적 의미로서의 원자에 가까운 개념인 극미極微는 논리적으로 상정한 것일 뿐 실재하지 않으며 굳이 이를 쪼갠다면 사라져 허공이 되어 버린다는 것이 불교의 주류적 이해이다. 예를 들어 『대품반야경』「삼혜품」에 "일체 법을 파괴하여 (점점 작은 것으로 분할하고) 내지 극미에 이르더라도 그 가운데서 견고한 알맹이堅實는 얻을 수 없다" 하였고 『대지도론』에서는 "색법을 나누고 쪼개어 극미에 이르면 흩어져 사라져서 나머지가 없다"고 설명한다. 마치 위치만을 갖는 점과 면적을 갖지 않는 선이 모든 도형의 기본 요소가 되지만 점과 선은 논리적으로만 있을 뿐 실제로는 존재하지 않는 것과 같다. 현대 물리학의 새 장르인 양자물리학은 질량과 형태를 갖는 기본 입자를 전제하지 않는다는 점에서 불교에 가깝다고 할 것이다.

다시 정리하면 법무아란, 우리가 주변에서 보고, 냄새 맡고, 느낄 수 있는 온갖 존재들은 단일한 것이 아니라 여러 부분, 요소가 모여서 한시적으로 건립되어 있는 것이다. 또한 일정 기간이나마 그 형태와 성질을 유지하는 것으로 보이지만 사실 이것은 잠시도 쉬지 않고 변화하고 있다는 것이다. 나아가 이러한 사물들을 이루고 있는 여러 가지 요소도 계속 분할되며 마지막에 가서는 텅 비어 버리니, 단일하게 자체만으로 본래 존재하는 소립자는 없고 오온과 같은 법의 분류들은 명칭상 있을 뿐 실재하는 것이 아니라는 것이다. 이 가운데 모든 것은 잠시도 쉬지 않고 변한다는 것은 외견상 정지하고 있는 물체들도 중력으로 인해 항상 수직항력을 받고 있다는 것이 밝혀져 있으므로 관찰과 실험을 통해 이미 입증된 내용이라고 할 수 있다.

눈에 보이는 사물이든, 이들을 이루고 있는 육안으로 볼 수 없는 미세한 요소들이든 변하지 않으며 다른 사물과 분리되는 고유한 사물은 없다. 이러한 사실을 표현한 것이 제법무아諸法無我와 제행무상諸行無常이다. '아' 자체에 항상성이라는 의미가 들어가 있으므로 무아라고 하면 무상하다는 뜻도 이미 포함되지만 특징을 명확히 하기 위해 제행무상을 별도로 표현한 것이다. '진리의 증명' 정도의 의미를 갖는 용어인 '법인法印' 가운데 포함되는 이 유명한 명제는 시간과 공간에 구애받지 않는 영원한 진리이다. 아我와 상常이 없다는 부정적 표현을 적극적으로 한마디로 나타낸 것이 '공空'이다. 모든 법은 끊임없이 변화하고 주변 사물들과 독립되어 있지 않기 때문에 붙잡을 수 있는 실체, 알맹이가 없이 텅 비어 있다는 의미가 담겨 있다.

그러면 우리가 보고 만지고 느끼는 것들은 무엇인가? 불교에서는 온갖 차원의 법이 알맹이가 없이 환상처럼 존재한다고 하여 이를 아지랑이 혹은 환화幻化, 요즘으로 치면 홀로그램과 같다고 비유한다. 또 '허가'라고 표현하기도 한다. 허虛란 실實의 상대어로서 단단한 알맹이가 없이 비어 있다는 의미이고 가假란 진眞의 상대어로서 거짓되고 임시적이라는 뜻이다. 모든 법이 본질적으로는 공이면서도 환상처럼 나타나 보이는 현상에 대해는 법가法假·수가受假·명가名假로 분별하기도 하고「대품반야경」, 인성가因成假·상속가相續假·상대가相待假로 분석하기도 한다「성실론」. 이에 대해서는 뒤에 다시 설명할 기회가 있을 것이다.

관측도구와 기술의 발전에 힘입어 현대 물리학자들은 과거에 보지 못했던 거시세계와 미시세계를 조금 더 상세히 알 수 있게 되었다. 눈을 들어 멀리 보면 우리가 살고 있는 이 지구와 같은 행성은 우주에 무수히 많고 태양과 같이 빛을 내는 항성도 셀 수 없이 많다. 그러나 상상하기 어려운 이 거대한 규모의 우주는 사실 진공에 가깝다고 한다. 눈으로 볼 수 있는 보통의 '물질'들은 우주 전체에서 4%밖에 되지 않는다. 매우 성긴 구조인 것이다. 그런데 이 드물게 있는 물질들은 또 어떠한가.

물리학자들의 설명에 따르면 물질들은 작은 원자가 집적되어 있는 것이다. 원자의 구조를 보면 중앙에 지름이 대략 10^{-14}미터 정도 되는 미세한 원자핵이 있고 그 주변 10^{-10}미터 정도의 영역에 그보다 훨씬 작은 전자가 한 개, 혹은 그 이상이 분포하는 모양이라고 한다. 이 원자핵을 지름 1센티미터 정도의 구슬 크기라 가정하면 원자는 지름이 100미터, 즉 야구장 크기와 비슷하게 되니 원자는 실로 거의 텅 비어 있는 구조이다. 일상적으로 보고 만질 수 있는 단단하고 속이 꽉 찬 듯이 보이는 물질들이 사실 텅 빈 것이나 마찬가지인 원자의 집적물이라니 …. 이러한 사실을 평이한 언어로 전해 듣는 우리 보통 사람들은 대수롭지 않게 여길 수 있지만, 이들을 직접 관찰하며 연구하고 있는 천문학자, 입자물리학자들의 당혹감은 어떠할까? 적어도 이 과학자들은 세상이 단단한 것으로 이루어졌다고 생각하는 우리 보통 사람들보다는 "색은 공"이라는 말을 한층 구체적으로 실감할 수 있을 듯하다.

다시 관세음보살이 설해주는 경문, "색은 공과 다르지 않고 공은 색과 다르지 않으며 색은 공에 상즉해 있고 공은 색에 상즉해 있다. 수상행식도 역시 이와 같다"는 내용을 살펴보자.

수·상·행·식은 눈으로 보거나 손으로 만질 수 있는 것이 아니므로 차치하더라도 색은 정확히 포착할 수는 없지만 임시라도 무언가 "있다有"고 느껴지는 개념이다. 이에 비해 공은 잡을 수도 볼 수도 없으므로 "없다無"고 여겨지기 쉽다. 있음과 없음은 상대되고 대립되는 말이다. 하지만 색은 공과 대립되는 개념이 아니다. 생물과 무생물, 선과 악, 빛과 어둠 등과 같이 양립 불가능한 것이 아니라는 의미이다. 색이 사라져서 공이 되는 것이 아니요, 색이 없다면 공도 없다. 손바닥 위에 놓여 있던 눈이라는 색법이 스르르

녹아 사라지면 그것은 '무'라 하고 눈이 있는 그대로 그 자체가 공인 것이다. 그러므로 색 내지 수·상·행·식은 공과 "다르지 않은" 것이다.

'색즉시공'을 흔히 "색은 곧 공이다"라고 번역하지만 이것만으로는 의미가 정확히 전달되지 않는다. "색이 공과 다르지 않고 색이 바로 공"이라면 무엇 때문에 두 가지 다른 용어를 쓰겠는가. 여기서는 '즉即'의 의미를 잘 살펴야 한다. '즉'이란 상즉相即, 서로 붙어 있어서 뗄 수 없다는 말이다. 한 사람이 "동전의 앞면과 뒷면은 뗄 수 없다"는 말을 듣더니 정교한 톱을 가지고 와서 의기양양하게 동전을 세로로 잘라 둘로 나누었다. 그러나 그 동전에는 새로운 앞면과 뒷면이 생겨났다. 동전의 앞뒤와 같이, 사물과 그림자와 같이 뗄 수 없는 관계를 '상즉'이라고 표현한다. 이렇게 모든 사물은 다른 사물과 분리할 수 없고 자체의 고정된 모습으로 존재하지 않는 공이라는 특징을 가지고 있으므로 '색즉(시)공'이라 한다. 수·상·행·식 각각도 하나의 사물을 인식하는 일련의 심리적 과정을 임의로 분별한 것으로서 서로를 명확하게 분리하는 것이 불가능하고 이 내용 또한 끊임없이 변화하는 과정에 있기 때문에 그 실체를 잡을 수 없다. 그러므로 색·수·상·행·식이 사라져서 공이 되는 것이 아니라 색·수·상·행·식이 그대로 공인 것이다. 공 역시 별도로 있는 것이 아니라 색·수·상·행·식에 상즉해 있는 것이니 오온이 없다면 공 역시 없다.

똥은 더러운가?

– 불생불멸과 불구부정이라는 본질

관세음보살은 오온이 그대로 공임을 천명한 뒤 이어서
다음과 같이 설명한다.

모든 법은 공한 상相이어서 생겨나지 않고 없어지지 않으며
더럽지 않고 깨끗하지도 않고 늘거나 줄지도 않는다.

상相;모습이라는 말은 범어 락샤나laksaṇa의 역어로서 사물의
형상이나 상태, 특징, 징후 등을 의미한다. 산에는 산의 상
이, 강에는 강의 상이 있고 사람들에게도 각각 고유한 상이
있다. 상을 보고 그 사람의 성격이나 미래를 예측하는 학문

을 상학相學이라 하고, 불교학에서도 세상을 분류하여 여러 가지 법으로 나누고 그 법 각각의 특징을 논하는 학파를 법상종法相宗이라 한다. 그런데 "모든 법은 공한 상"이라고 하였다. 공상空相이란 고정되거나 고유한 본래의 특징이나 상태가 없어서 허공과 같이 붙잡을 수 없고 비어 있는 것을 말한다. 이는 모든 법이 인위적으로 분리되지 않고 이름이 붙여지지 않은 본래 상태의 모습이다. 보통 신체를 머리, 팔과 다리, 몸통 등으로 분리하여 말하지만 실제로는 분리되는 경계가 없는 것이 본 모습이듯이 이 세계 전체가 하나로 되어 있어서 (분별)상이 없는 그대로의 모습이 공상이다.

다시 주변을 살펴보자. 그릇에 물이 담겨 있다. 이 물은 축축하고 유연한 특징을 가지고 있다. 그런데 자고 일어나 보니 기온이 뚝 떨어져서 물은 사라지고 차갑고 딱딱한 특징을 가진 얼음이 그 자리에 있다. 이럴 때 물이 없어지고 얼음이 생겨났다고 생각할 수 있다. 하지만 밤새 잠을 자지 않고 물이 가장자리부터 바작바작해지면서 조금씩 얼어가는 모습을 자세히 보았다면 이렇게 생각하지 않을 것이다. 또 어떤 아이가 연못에 놀고 있는 올챙이를 보았는데 며칠 뒤 와서 보니 올챙이는 없고 개구리만 뛰어놀고 있는 것을 보고 올챙이가 사라지고 개구리가 생겼다고 말할 수 있다. 하지만 이 아이가 올챙이의 변화하는 모습을 다 본다면 이런 말은 하지 않을 것이다.

사람이 태어난다는 것은 어떤 상황을 말하는가? 아기가 태어난다는 것은 인간이라고 부를 수 있는 생명체가 생겨나는 것이다. 그런데 어느 순간부터 '인간'이라고 부르는가 하는 것은 쉽지 않은 문제이다. 무엇 때문에 이런 골치 아픈 일을 따지냐고 물을지 모르겠으나 상속이나 살인 등의 법률적 문제와 결부되면 매우 중요한 사안이다. 우리나라 전통에서는 배 속의 아기를 이미 인간으로 보지만 법률적으로는 인간이 아니다. 배 속의 아이를 죽이면 낙태죄라 하고 태어난 아이를 죽이면 살인죄가 된다. 그러면 출산 중에 있는 아이를 죽이면 어떤 죄가 될까? 언제부터 독립적 인간으로 보는가에 대해서는 진통 때부터라는 설부터 일부노출설, 전신노출설, 독립호흡설 등이 있다. 인간의 생로병사가 본래 경계나 도약 없이 물 흐르듯 변화하는 과정에 대해 임의로 구분하여 이름을 붙인 것이므로 여러 가지 설이 나올 수밖에 없는 것이다. 어쨌든 일부노출설에 의하면 태아의 신체가 일부라도 밖으로 나오면 그 순간 '없던' 인간이 '생긴' 것이다. 생물의 생명이 없어지는 사건, 있던 '인간'이 없어지는 죽음이라는 문제도 심장박동의 정지나 뇌기능의 정지 등 다양한 정의가 나올 수밖에 없다. 모두 삶과 죽음의 명확한 경계가 없기 때문에 벌어지는 일이다.

불교학에서는 생명체가 생기는 순간의 상태를 생유生有라 하고 죽는 순간을 사유死有라고 한다. 이 모두 한 찰나라는 짧은 순간에 일어나는 일이라 하지만 찰나라는 시간은 실제로는 존재하지 않는다. 설명 편의상 이렇게 말을 붙인 것일 뿐이다. 사물이 생기고 사라지는 것도 마찬가지이다. 흙이 점차 쌓이고 나무가 생겨나서 주변 지대보다 높아지다가 어느 순간 산이 생겨나고, 물이 졸졸 흐르다가 수량이 많아지고 폭이 커지면 어느 때인가부터 강이라 불리는 존재가 생겨난다. 그런데 비존재와 존재 사이의 경계는 사실은 없다. 경계가 없으므로 엄밀하게 말하면 '생겨난다'는 현상은 세상에 존재하지 않으며 따라서 '없어진다'는 현상 또한 있을 수 없다. 생긴다生는 무에서 유로 치환되는 것이 아니라 보통 인간의 감각 기관에 포착되지 않는 상태에서 감각기관에 포착되는 상태로 슬며시 전환하는 것일 뿐이다. 없어진다滅는 것은 이와 반대의 상황이다. 세상에 새로운 것이 생겨나는 일은 없다. 화학적 변화나 물리적인 변형이 있을 뿐이다. 그 변화와 변형의 과정은 시간적으로 찰나도 쉬지 않으며 공간적으로도 경계가 없다. 도약이 이루어질 경우에 생긴다거나 없어진다는 표현을 쓸 수 있으나 자연에는 도약이 없는 것이다.

경전에서는 "모든 법은 늘거나 줄지 않는다"고 하였다. 생겨나는 일이 없다면 늘어나는 일도 있을 수 없다. 또한 없어지는 일이 없으니 줄어드는 일도 없다. 현대 과학에서는 물질세계에 대해서 이와 똑같은 말을 한다. 에너지는 새로 생겨나거나 소멸하는 일이 없고 열이나 빛, 전기나 역학적 에너지 등으로 형태만 바뀔 뿐 총량은 일정하다는 열역학 제1법칙, 즉 에너지 보존의 법칙이 바로 그것이다. 질량 전체가 그대로 에너지로 바뀔 수 있음을 보여주는 아인슈타인의 유명한 공식 $E=mc^2$ 역시 이와 같은 맥락으로 이해할 수 있다.

그렇다면 특정 생명세계의 증감 현상에 대해서는 어떻게 볼 수 있을까. 인간계를 예로 들어 생각해 보자.

현대의 대다수 과학자들은 생명체는 순수하게 물질로만 이루어져 있으며 마음, 혹은 의식 활동도 물질로 이루어진 뇌의 작용일 뿐이라고 생각하는 것 같다. 이러한 시각으로 볼 때 인간계는 국가정책이나 사회적 트렌드에 따라 증감을 되풀이하지만 자연적 원소인 유기물과 무기물로 이루어진 인간이 죽으면 다시 이러한 원소로 되돌아가므로 인간을 포함한 물질계 전체는 부증불감이라 할 수 있다. 인간은 에너지 보존의 법칙을 그대로 따르는 한 부류일 뿐이다.

이와 대척되는 입장으로서, 몸은 죽더라도 영혼이 남아 천국이나 지옥으로 가게 된다는 영육이원론을 가진 종교나 철학적 입장에서 보면 어떨까. 외형적 개체수로만 보면 인간계는 인구의 증감이 있으나 천국과 지옥은 세상의 멸망까지 끝없이 증가할 것이다. 육신은 흙으로 빚어졌고 거기에 신이 생기(숨)를 불어넣은 것이 살아 있는 인간이지만 이 생기는 질량이 없는 것이라고 주장하는 입장도 있다. 이 견해에 따른다면 육신은 물리세계의 법칙이 그대로 적용되어 똑같이 부증불감이 되고, 사후세계에 가는 존재인 생기는 질량이 없으므로 역시 증가나 감소의 현상이 없을 것이다.

불교에서도 부증불감이지만 영육 이원론도, 물질 일원론도 아니므로 이들과 논의의 근거가 조금 다르다. 삶과 죽음을 논할 때 우선 인간만을 별도로 상정하지 않는다. 지옥-축생-아귀-아수라-인간-천상의 육도에 중생들이 분포하고 있어서 이 세계를 윤회한다는 것이 불교의 생사관이다. 사람이 죽는다는 것은 천상 내지 지옥이라는 장소를 형태를 바꿔가며 옮기는 것을 말하므로 중생계 전체로 보면 부증불감이다. 죽은 후 남겨지는 시신은 다시 자연적 물질로 돌아가므로 물질계로서도 부증불감이다. 인간 및 우리와 크기가 비슷하고 사는 공간도 가까운 축생을 제외하고 육도의 나머지 존재들은 격리되어 있거나 미세한 물질로 이루어져 있어서 보통 육안으로는 볼 수가 없을 뿐이다. 앞으로 관측도구나 기술이 더욱 발전하면 볼 수 있을지도 모른다.

그런데 지금 경전에서 말하는 부증불감의 핵심은 중생들이 윤회하기 때문에, 물질계는 변화할 뿐이기 때문에 전체 세계를 놓고 보면 개체 수나 총 질량 등이 같음을 말하는 것에 있지 않다. 그보다는 육도의 중생들이 뚜렷하게 분리되지 않으며 각각을 명확하게 정의할 수 없다는 특징을 지적하는 것이다. 사람과 짐승, 혹은 천신이나 귀신을 명확하게 나눌 수 있는가? 늑대인간이나 빙의된 무당은 무엇으로 분류해야 하나. 외형은 사람이지만 '짐승보다 못한' 인면수심의 존재도 있지 않은가? 예로부터 인간에 대해서는 현명한 사람(호모 사피엔스), 유희하는 사람(호모 루덴스), 정치하는 사람(호모 폴리티쿠스) 등 다양한 정의가 있어 왔다. 하지만 이들은 '대체로 그렇다'는 것일 뿐 인간에게만 고유한 특성이거나 인간 전체가 공유하는 보편적 특성도 아님은 분명하다. 각각의 존재가 고유한 자성이나 자상이 없어서 분리될 수 없는 하나의 세계, 상이 공空한 공간에서 돌고 도는 것일 뿐이므로 증가와 감소가 없다는 것이다.

경전에서는 또 "모든 법은 더럽지도 않고 깨끗하지도 않다"고 하였다. 여기서 깨끗하다는 것은 아름답다, 맛있다, 향기롭다 등 긍정적 판단을 대표하는 말이고 더럽다는 것은 이에 대한 반대 감정을 뜻하는 대표 표현이다. 생기거나 증가하는 것은 대체로 사실판단에 속하는 언명이지만 더럽거나 깨끗하다는 말은 가치판단에 관한 것이므로 앞과는 조금 다른 문제가 된다.

옛 어른들은 식사가 끝난 뒤 숭늉을 꼭 빈 밥그릇에 부어드셨다. 이유를 물으면 이렇게 먹어야 부자가 된다고 답하시곤 하지만 한편으로는 어머니의 설거지를 편하게 하려는 배려도 담겨 있는지 모른다. 그런데 이 밥그릇에 담긴 물에는 종종 고춧가루며 음식찌꺼기가 섞이게 되니 이를 본 젊은 사람들은 비위 상한다며 싫어하였다. 김치나 물을 따로 먹으면 깨끗한데 그것이 섞이면, 게다가 섞이는 동작이 입 안이 아니라 그 직전인 밥그릇에서 이루어지면 더럽다는 느낌이 생기는 이유는 무엇일까? 이 느낌은 사실에 부합하는 정당한 것일까?

조금 극단적인 예로 누구나 더럽다고 생각하는 '똥'에 대해 생각해 보자. 이 생각은 논리적으로 타당한 것일까? 여기 잘 익은 김치가 깨끗한 그릇에 담겨 있다. 김치를 좋아하는 사람이라면 '먹음직하다', '깨끗하다' 등의 생각을 할 것이다. 그런데 누군가 이것을 먹으려 입에 넣으면 그 김치에 대한 깨끗하다는 생각이 조금 줄어들고, 식도와 위, 십이지장, 소장, 대장을 거쳐서 색과 냄새가 좋지 않게 느껴지면 음식에 대한 감정은 '더럽다'는 것으로 바뀌면서 이름도 '똥'으로 대체된다. 그런데 어느 순간부터 음식은 똥으로 불리게 되는가? 음식을 먹지 않고 그냥 그릇에 내버려 두어도 점차 부패하여 더러운 음식쓰레기가 된다. 언제부터 우리는 그것을 음식쓰레기로 불러야 할까?

먹기 전의 깨끗한 음식과 이것이 소화되어 몸 밖으로 배출되어 나온 더러운 똥 사이에 몸속에서 변화되는 과정을 보지 않았으므로, 우리는 일반적으로 음식과 똥, 깨끗한 것과 더러운 것이 본래 분리되어 있는 것인 양 생각하게 된다. 김치를 보았다가 한참 뒤 그것이 부패한 음식쓰레기를 봄으로써 이 두 가지가 별개의 것으로 느껴지는 것이다. 이 둘의 상관관계를 알지 못하는 어리석은 사람이나 어린아이라면 이 둘을 완전히 별개로 여길 것이다. 그렇다면 음식은 사라지고 똥이나 쓰레기는 생긴다고 할 수 있다. 이에 비해 앞의 것이 변하여 뒤의 것이 된 것임을 잘 알고 있는 지혜로운 어른이라면 똥이나 음식쓰레기를 보고 "저것은 맛있고 깨끗한 것이었는데 지금은 먹지 못할 더러운 것으로 변하였다"고 말할 것이다. 하지만 마음속으로는 여전히 이 둘을 분리된 사물로 여기는 경향이 있다.

본질적으로 이러한 견해는 사물을 듬성듬성 보았을 때 나타나는 것이다. 음식이 변화하는 과정을 처음부터 끝까지 관찰한다면, 음식은 시간이 지나면서 조금씩 소화하거나 부패하는데 깨끗한 음식에서 더러운 것으로 변하는 시점이 정확히 어디인가 하는 의문이 생길 수 있다. 자연스럽게 일어나는 이러한 의문은 더러운 것과 깨끗한 것은 본래 나누어질 수 없다는 사실을 이해하도록 하는 첫 번째 근거이다.

두 번째로는 음식은 '본래' 맛있고 깨끗한 것이고 똥이나 음식쓰레기는 '본래' 더러운 것인가 하는 문제가 놓여 있다. 앞의 의문은 만물이 무상하게 변하는 가운데 전과 후의 경계가 없기 때문에 더러운 것과 깨끗한 것을 명확히 분별할 수 없음을 말하는 것으로서 이는 이미 여러 사례를 들어 살펴본 주제이다. 두 번째 의문은 상대성의 문제이다. 내게 맛있는 김치이지만 서양 사람은 발효된 냄새에 코를 막고 어린아이는 맵다고 먹지 못한다. 김치를 맛있게 여기는 사람이라도 배가 부르거나 며칠간 계속 같은 김치를 먹었다면 맛있게 느끼지 못할 것이다. 또 김치가 맛없게 변하였다해도 짐승이나 각종 세균들은 즐겁게 그것을 먹을 것이다. 그렇다면 김치가 맛있고 깨끗한 '음식'으로 존재하는 시간은 정확히 포착할 수 없고 설사 그때를 분리하여 김치라는 실체가 있다고 하여도 맛있고 깨끗하다는 것은 김치 자체가 가지고 있는 속성이 아님을 알 수 있다. 맛있다거나 깨끗하다는 등 가치판단뿐 아니라 길고 짧은 것 등의 우열판단도 철저하게 상대적이므로 사물 자체가 가지고 있는 속성이 아니다. 사물 자체가 가지고 있는 성질을 자성이라고 한다. '자自'라는 말은 '고유의', '본래의' 정도의 의미이다. 예를 들어 물의 자성이 시원하고 사과의 자성이 맛있는 것이라면, 누가 먹어도 물은 시원해야 하고 언제 먹어도 사과는 맛있어야 하지만 그렇지 않다. 그러므로 "더럽지도, 깨끗하지도 않다"고 하는 언명은 사물은 자성이 없음을 밝힌 것이다. 더럽다거나 깨끗하다고 하는 성질은 사물 자체가 본래 가지고 있는 것이 아니고 이것을 먹고 인식하는 주관이 그때그때 사물에 부여하는 것이다.

실체는 없고 이름만 있는 만상

지금까지 살펴본 공에 대해 정리해 보자. 첫 번째, 세상 만물은 여러 가지 요소와 환경이라 할 수 있는 인因과 연緣 들이 화합하여 잠시 특정한 모습으로 있는 것이다. 이때 다른 사물들을 만들어 주는 기본요소로서 단단한 알맹이라 할 단일하고 독립적인 사물은 없다. 두 번째, 세상 만물은 잠시도 쉬지 않고 변하여 자신만의 고유한 성질과 모습을 보존하지 않는다. 변화는 계단식이 아니라 경사로식이어서 변화가 많이 진전되어 완전히 다른 사물로 바뀐다 해도 그 둘을 구분 지을 수 있는 시간적 경계는 없다. 세 번째, 가치나 우열은 사물이 자체적으로 가지고 있는 고유의 속성이 아니라 사물들을 비교할 때 그것을 보고 판단하는 이의 습관과 주관적 기준에 따라 결정되는 것이다. 이 세 가지 특성을 차례로 인성가因成假, 상속가相續假, 상대가相待假라고 부른다. 가假란 '임시', '거짓' 등의 의미를 갖는 말이다. 세상 사물들은 본래 특성이나 모양이 고정되어 있지 않아서 공이지만 이 세 가지 특성을 가진 채 임시로, 신기루 같은 모습으로 현상하기 때문에 '가'라는 말을 붙였다.

이러한 삼가三假 외에도 '변치 않는 고유한 모습은 없다(무자상)', '고유한 성질은 없다(무자성)', '아가 없다(무아)' 등이 세상의 일체 만물이 예외 없이 갖고 있는 공통적 특성인 공에 대해서 설명하는 주요한 용어들이다. 현대의 언어로 한다면 사물 사이에 시간적으로나 공간적으로 경계가 없다, 즉 무경계라 하는 것이 공을 이해하는 데 중요한 단서가 된다.

공이라는 측면으로 사물을 본다는 것은 진제眞諦를 보는 것이고 실상을 보는 것이며 본질을 보는 것이다. 본질의 세계를 보면 더럽거나 깨끗한 것도 없고 생기거나 없어지는 일이 없으며 따라서 늘거나 주는 일도 없다. 다만 현상적으로 어떠한 특성이나 외형을 '많이' 가지고 있는 모습으로 나타날 때 그 특성이나 외형을 가진 사물이 '생긴다'고 표현할 뿐이다.

추운 겨울, 그릇에 물이 담겨 있었는데 자고 일어나니 얼어 버렸다. 이때 둘 사이의 관계를 모른다면 누군가 물을 써버리고 대신 얼음을 갖다 놓았다고 생각할 수 있을 것이다. 이를 다른 말로 표현하면 어제는 물은 있었고 얼음은 없었는데 오늘은 물은 없고 얼음이 있다고 할 수 있다. 생긴다/없어진다는 말은 있다/없다는 말과 밀접한 관계를 갖는다. 만물의 변화 과정을 나타내는 말은 이제 존재의 문제로 연결된다. 하나하나 분별되어 있는 법은 세상에 존재하는 것인가? 이러한 문제의식을 관세음보살은 다음과 같이 표현하고 있다.

공 가운데는 색이 없고 수상행식이 없으며, 안이비설신의가 없고 색성향미촉법이 없으며 안계도 없고 내지는 의식계도 없다.

색부터 수·상·행·식까지는 오온, 안·이·비·설·신·

의와 색·성·향·미·촉·법은 십이처를 가리키고, 안계 내지 의식계는 십팔계를 축약한 것이다. 앞서 오온은 사람이라는 하나의 개체가 실체가 없음을 설명하기 위한 분류이면서 동시에 세상 만물의 분류이고 이를 조금 더 세분한 것이 십이처와 십팔계라는 범주라고 하였다. 이렇듯 분별되는 요소로서의 법, 혹은 법으로 이루어진 개개의 사물들이 있다고 할 수 없음을 말하고 있는 문장이다.

사실 '있다'는 말은 매우 다양한 의미 차원을 갖는다. 토끼에게 뿔이 있는가? 대부분 없다고 답하겠지만 그것은 상상 속에 있을 수 있고 만화나 영화 속에서도 있는 것을 볼 수 있다. 마음이 있는가? 대부분 있다고 대답하겠지만 그 실체를 보거나 만져본 이는 아무도 없다. 아(영혼)가 가지고 있는 능력이라거나 뇌의 작용이라고 보는 것은 마음의 실체는 없지만 작용은 있다는 생각이다. 어둠은 있는가? 빛이 없는 상태가 어둠이다. 빛이 부재인 상태를 말할 때도 우리는 어둠이 있다고 말한다. 그러면 빛은 있는가? 언어로서뿐 아니라 감정상으로 빛은 누구나 있다고 말할 것이다. 이것도 엄밀히 구분하면 밝음과 어둠 사이에는 명확한 경계가 없지만 일단 있는 것으로 하고 논의를 진전시키자. 앞의 예에서 토끼 뿔과 같은 것은 상상이나 말로서만 있는 것이고 마음이나 어둠은 실체는 없으나 작용은 있는 것이며 빛은 실체가 있는 것이라고 보통 분별한다. 이를 거칠게 말하면 실제로 있다는 의미로서 '실재實在'라고 한다. 이는 내가 그 존재를 의식하건 하지 않건 간에 객관 세계에 실제로 있는 것이라고 정의된다. 이 경문은 일반적으로 사용되고 있는 용어가 가리키고 있는 대상이 외부에 실재하는가를 묻는 것이다.

십이처는 육근과 육경을 합한 것이다. 육근 가운데 안·이·비·설·신 5근과 육경 가운데 색·성·향·미·촉 5경, 그리고 법경의 일부인 무표색無表色은 오온 가운데 색온에 포함된다. 또 무표색을 제외한 나머지 법처는 수·상·행 3온에 속하고 의처는 식온에 포함된다. 육근은 외부의 정보를 받아들여 생각을 일으키게 만드는 기관으로서 나 혹은 나의 소유我所라 여겨지므로 내입처內入處라 하고, 대상 혹은 인지되는 정보인 육경은 내가 아닌 외부에 있는 것으로 느껴지므로 외입처外入處라고 부른다. 안을 의미하는 내內와 밖을 가리키는 외外는 상황에 따라 가리키는 대상이 다양한데 나 하나를 놓고 보면 마음은 안, 육신은 밖이 되고 자타가 있을 때는 내가 안, 남이 밖이 되며, 단체를 두고 말할 때는 내가 속한 곳은 안, 속하지 않은 곳은 밖이 된다. 내·외입처는 두 번째 용례이다. 처處란 '심리작용을 생장시키는 문'이라는 것이 본래의 의미이지만 한자로는 '장소'라는 의미이니 '영역' 정도로 이해하여 내입처는 '내 영역', 외입처는 '외부 영역'이라 해도 좋겠다. 이러한 십이처에서 의처를 다시 여섯 가지로 세분한 것이 십팔계이다. 계界란 법조계, 상공계 하듯이 '부류' 혹은 '부분의 세계'를 의미한다. 다시 말하면 색깔과 모양의 세계色界 내지 의식으로만 알 수 있는 것들의 세계法界와 색깔과 모양을 인지하는 기관眼界 내지 모든 것을 인지하는 기관의 세계意界, 그리고 이 두 세계의 만남으로 일어나는 안식계 내지 의식계 등 육식六識의 세계가 '세상의 모든 것'이라는 의미이다. 이렇게 여러 가지로 분류되는 하나하나의 법들이 없다는 것이 경문인데, 먼저 색법에 속하는 오경과 오근부터 점검해 보자.

안근이라는 인식기관을 통해 파악할 수 있는 정보인 색

경에는 모양과 색깔이 있는데 색깔을 예로 들어보자. 초등학교 때 프리즘을 통하여 햇빛을 분산시켜 본 기억이 있다. 선생님은 "일곱 가지 색이 보이지요?"라고 친절하게 가르쳐 주었고 그 색은 "빨주노초(녹)파남보"라고 외웠다. 하지만 그게 왜 일곱으로 나뉘는지는 어린 마음에도 이해가 잘 되지 않았다. 빨간색과 주황색, 주황색과 노란색 사이에는 경계가 없었기 때문이었다. 다른 것과 분리될 수 없는데 따로 떼어서 빨간색이라 해도 되는가? 어쨌거나 빨간색이 '보이는 것'은 분명하다. 색맹이 아니니까. 그렇다면 빨간색은 실제로 있는가? 세상을 아무리 뒤져보아도 빨간색은 없다. 빨간 사과, 빨간 모자, 빨간 신호등, 빨간 물감은 있지만 빨간색은 없다. 다시 말하면 빨간색이 속성처럼 현상하는 존재는 있으나 '빨간색(빨강)'이라는 존재 자체는 없다는 것이다. 이 두 가지는 차이가 있다. 존재로서의 빨간색은 언제 어디서나 빨간색이지만 현상으로서의 빨간색은 상대적이고 변화한다. 본래 사과의 분자나 원자에는 빨간색이 들어 있지 않다. 여러 분자의 집합체인 '사과'라는 사물이 특정한 빛의 조건과 정상적(이라고 말하는) 눈을 만났을 때 '빨간색'이라고 나타나는 것이다. 사과를 비추는 빛의 색이 달라지거나 눈이 일반적(정상적)이지 않다면 색은 다르게 나타날 것이다. 색은 사물 자체이거나 그것에 속해 있는 '고유한' 성질이 아니라 특정한 상황 아래 우리의 인식구조 안에서 그렇게 보이는 것일 뿐이다.

소리는 어떤가? 소리는 과학적으로는 물체의 진동에 의하여 생긴 음파가 귀청을 울려 들리는 것이라고 정의된다. 그런데 '귀에 들리는 소리'라는 것이 매우 애매하다. 사람이 들을 수 있는 주파수는 대략 16헤르츠Hz부터 20킬로헤르츠KHz까지라고 한다. 음향발생기로 음파를 발생시킨다고 하자. 주파수가 너무 낮으면 소리는 들리지 않다가 16헤르츠 언저리부터 소리가 귀에 들리기 시작한다. 점차 주파수가 높아져서 20킬로헤르츠를 넘어가면 초음파라고 하여 다시 들리지 않는다. 적어도 인간에게는 소리가 사라진다. 소리의 발생은 음량과도 관계가 있다. 라디오를 틀었을 때 음량(볼륨)이 너무 낮으면 소리는 없다. 점차 음량을 높이다 보면 어느 순간부터 소리가 생긴다. 그 순간은 사람마다 다르다. 청각이 예민한 사람은 낮은 음량으로도 소리가 들리고 둔한 사람은 그렇지 않다. 그러면 언제부터 '소리'라고 하는 가? 낮은 주파수나 볼륨을 점차 강하게 하다가 어느 '순간' 소리가 되는데 그게 몹시 애매하다. 주변 환경에 따라, 또한 듣는 이의 컨디션이나 집중도에 따라 바뀐다. '소리'와 '비非소리' 사이에는 경계가 없다. 또한 소리는 발생(한다고 생각되는) 시점부터 공중에 있을 때는 소리가 아니고 '파동'일 뿐이다. 그것이 개별적 사람이나 동물의 귀에 닿았을 때 각각 다른 '소리'로서 나타나는 것이다. 이렇게 인식하는 주체에게 분리되어 나타나는 것을 불교용어로는 현현顯現이라고 한다.

냄새 역시 강도에 따라 '비냄새'에서 '냄새'로 변화되는데 그 시점을 명확하게 가르는 것은 불가능하다. 냄새는 또한 외부에 고유하게 존재하고 있는 사물도 아니고 변하지 않는 속성도 아니다. 휘발성 미립자가 후각 기관을 자극하면 각각의 '냄새'라 불리게 되는 것이다. 냄새와 비냄새는 외부에 있는 '실체'가 아니라 인식주관이 만들어내는 '감정'일 뿐이다. 맛과 촉감도 마찬가지로 '비맛' '비촉감'과 분리하는 것이 불가능하고 사물 자체에 본래 있는 것이 아니라 인식

주관이 그렇게 느껴서 이름을 붙인 것이다.

말이 나온 김에 사족을 덧붙이자면 맛에 대해서도 과학지식과 실생활의 괴리를 느낀 경험이 있다. 학교에서 배울 때 혀로 느끼는 맛에는 단맛, 신맛, 쓴맛, 짠맛의 네 가지가 있고 매운맛은 통각이라고 선생님은 가르쳐 주었다. 매운맛이 얼마나 다양한데 강약만 느끼는 통증과 같다니! 그때는 뭔가 모를 기분 나쁜 감정만 있었는데 자라면서 점차 그 이유를 알 수 있게 되었다. 불교에서는 이 네 가지 맛에 매운맛과 담백한 맛 두 가지를 추가하여 여섯 가지 맛이 있다고 분별한다. 그런데 우리 선조들은 예로부터 모든 맛을 육미六味라고 하거나 담백한 맛을 빼고 오미라고 하였다. 이것이 불교에 영향을 받은 데 따른 것인지는 확인해보지 못하였지만 이러한 전통적 표현이 언제부터인가 비과학적인 것으로 치부되게 되었다. 사실 맛은, 그 사이에 뚜렷한 경계가 없기 때문에 네 가지나 여섯 가지로 분별하는 것이 본래 불가능한 것이지만 편리를 위해 비슷한 것끼리 모아서 일종의 약속으로 정한 것, 즉 속제俗諦일 뿐이다. 다시 말하면 맛은 사물 자체가 가지고 있는 고유한 성질이 아니라 관습이나 지역에 따라 편의적으로 나눈 것인데 일상생활에서 여섯 가지, 혹은 다섯 가지로 맛을 분별하는 것에 대해 틀렸느니 비과학적이라느니 하는 것은 '과학'이라는 말의 권위에 눌려버린 맹목적 추종이다.

이렇듯 흔히 내가 의식하는가와 관계없이 객관적으로 존재한다고 생각하는 모양, 소리, 맛, 냄새, 촉감 등은 사실 외부에 '원래' 있는 것이 아니다. 나의 감각 기관에 포착될 때, 그리고 내가 그것을 의식할 때 비로소 빛은 색깔이 되고 진동은 소리가 되며 바람은 냄새가 된다. 그것은 본래 '있는' 존재가 아니다.

'나(의 것)'으로 생각되는 오근은 어떠한가? 앞서 오근에 부진근과 승의근이 있다고 설명하였는데 어느 쪽으로 이해하든 그 실체를 잡는 것은 불가능하다. 눈이나 귀와 같이 보이거나 들리는 정보를 받아들이는 기관을 이루는 부분은 다른 부분과 공간적으로 분리되지 않는다. 이 또한 무지개의 일곱 색처럼 경계가 없다. 시간적으로 본다고 해도 역시 경계가 없다. 오근을 이루는 세포들이 발생하는 초기에는 무엇으로도 발전할 수 있는 줄기세포의 상태였다가 기관이 형성되는 사이에 정해지는 위치에 따라 각 세포의 기능이 결정된다고 한다. 즉, 세포 자체는 근세포인가 혹은 신경세포인가로 구분되어 있지 않은 것이다. 이러한 세포가 오근의 한 부분을 담당하는 세포가 되는 '순간'은 확정할 수 없다. 또 역할이 결정된 세포가 된 이후에 이 세포는 길지 않은 기간에 사라지고 새 세포로 대치되므로 오근 각각의 실체를 붙잡는다는 것은 시간적으로도 불가능한 일이다.

단단하고 구체적이라고 생각되는 오근과 오경 등의 색법은 다른 것과 경계가 없고 끊임없이 변화해가는 '현상'으로서 있을 뿐이지 그 실체는 잡을 수가 없다. 이들을 명확하게 정의하려면 다른 것과 분리할 수 있어야 하고 일정한 기간만이라도 고정되어야 하는데 잡으려 하면 그림자를 쫓듯, 아지랑이를 잡듯 알맹이 없이 허망하게 존재하고 있는 것이 실상이다.

색온에 속하는 오근과 오경이 그 실체를 잡을 수 없는 존재인데 하물며 눈에 보이지 않는 의근과 법경, 또는 십팔계 가운데 육식계는 어떠하겠는가? 근래 뇌과학자들은 감정이나 기억, 상상 등 온갖 의식작용을 주관하는 것이 뇌라고 생각하고 있는데 불교에서는 의식을 주관하는 의근은 눈에 보이지 않는다고 하므로 이와는 견해가 다르다고 할 수 있다. 마음, 혹은 의식 등으로 불리는 법으로는 그 주체인 의근과 대상인 법경이 있고 발생되는 결과로서 육식이 있다. 이들은 실체가 없고 다른 것들과 분리되는 경계가 없다. 다시 말해서 수·상·행·식은 명확히 구별되지 않고 안식 내지 의식 역시 그 사이에 경계선이 없다. 경계선이 없다면 '딱 그것 하나'를 끄집어낼 수가 없게 된다. 이들은 또한 없던 것이 생겨나고 있던 것이 없어지는 것이 아니라 하나의 체가 변화되는 과정에서 각 시기의 특징에 따라 이름을 붙인 것이다. 이 수·상·행·식의 체는 실재하는 것이 아니고 이름뿐인 존재이다. 십이연기의 네 번째 지분인 명색에서 '이름'이라는 의미의 명名은 수·상·행·식을 가리킨다. 이러한 까닭에 수·상·행·식의 사온이나 이에 속하는 법경과 의식계 등을 '없다'고 말한 것이다.

지금까지 여러 가지 세상 만물을 분류하는 명칭들을 놓고 그것이 가리키는 대상이 실재하는가를 분석하였지만 사실 이 명칭들에는 크게 보아 두 가지 차원이 존재한다. 즉, 색이라는 용어는 전체를 가리키는 경우도 있고 실제로 보이고 들리는 하나하나를 가리키는 경우도 있다. 수·상·행·식도 마찬가지이다. 예를 들어 산, 삼각형, 빨간색이라는 이름이 있고 계룡산, 삼각자, 빨간 사과라는 이름도 있다. 전자를 보편자라 하고 후자를 개별자라고 부른다. (삼각자, 빨간 사과도 구체적인 하나의 사물을 가리키는 용어로서 '이'나 '그' 등이 붙지 않으면 보편자라고 할 수 있다.) 서양의 철학사에서 보편자가 실제로 존재한다고 보는 입장을 실재론實在論;realism이라 하고 보편자는 이름만 있고 실재하는 것은 개별자뿐이라는 입장을 유명론唯名論;nominalism이라고 한다. 플라톤은 계룡산, 삼각자, 빨간 사과가 존재하기 위해서는 그렇게 부를 수 있는 근거, 이러한 사물의 원형인 이데아Idea가 먼저 존재해야 한다고 생각하였다. 이데아가 일종의 보편자라고 할 수 있다는 점에서는 그가 실재론의 입장에 서 있다 할 수 있다.

지금 경전에서 없다고 말한 모든 법, 즉 오온·십이처·십팔계가 보편자를 가리키는 것이라 한다면 불교는 유명론의 입장에 가깝다고 할 것이다. 그러나 이 구절은 보편자가 없음을 말하는 것일 뿐 아니라 개별자 역시 실재하지 않음을 말하고 있다. 계룡산은 사실 여러 가지 흙과 나무, 풀 등의 집합체일 뿐이고 삼각자는 확대하여 자세히 보면 삼각형이 아니다. 이 개체들은 또한 시간의 경과와 함께 시시각각 변화하고 있기 때문에 실체를 잡을 수가 없다. 계룡산의 실체를 말하려면 봄의 계룡산, 여름의 계룡산이 다르고, 아침의 계룡산과 저녁의 계룡산이 다른 것이다. 다시 말하면 색·수·상·행·식의 오온은 보편자로서는 이름만 있는 것일 뿐 실재하지 않고 지금 눈앞에 나타나 있는 이 색, 이 수·상·행·식 등 개별적 존재도 역시 시시각각 변하고 공간적으로 다른 것들과 분리될 수 없기 때문에 그 단독의 실체를 잡을 수 없다는 것이다. 이러한 분리와 분별은 외부에 실재로 있는 것이 아니라 모두 식, 즉 마음의 분별작용에 따른 것이다. 서양철학사에서도 인식 여부와 관련 없이 객관적으로 있다고 생각되던 개별적 실재들은 18세기 말 칸트의 코페르니쿠스적 전환 이후 인식범주에 의해 구성되는 것으로 변화되었다. 이러한 사고는 후설의 현상학이나 하이데거의 실존주의 철학에 큰 영향을 미치게 되는데 이 이론들

실체는 없고 이름만 있는 만상 **95**

도 실재가 없다는 불교의 공 이론을 이해하는 데 하나의 관점을 제공해 준다.

불교 유식학에서는 보편자에 대한 인식의 특성을 변계소집성遍計所執性이라 부르고 개별자에 대한 인식은 의타기성依他起性이라 부른다. 전자는 여러 가지 개별 사물들을 두루두루遍 헤아려서計 상정한 것이고, 후자는 다른 조건他에 의지해依 나타나는起 현상이라는 뜻이다. 그런데 인식상에 나타나는 변계소집성이나 의타기성의 법들이 모두 실재하지 않는다는 것이 유식학의 이론이다. 마치 대보름날에 쥐불놀이를 하면 불바퀴가 생기지만 이것은 사실 깡통에 들어 있는 숯불과 눈의 착시현상 등이 모여서 그렇게 보이는 것일 뿐이라는 것과 같다. 우리가 이름 붙인 온갖 사물들이 보편자의 측면에서나 개별자의 측면에서나 모두 본질적으로는 실재하는 것이 아니고 우리의 주관이 인식할 때 비로소 '있다'는 표현을 쓸 수 있음을 보여주는 것이 이 경문에서 설하고 있는 공의 철학이다.

이렇듯 명칭은 있으나 그것이 가리키는 구체적 실재는 없는 이유는 무엇인가? 몇 차례 언급하였듯이 사물이나 마음은 공간적·시간적으로 분리될 수 있는 경계가 없기 때문이다. 그 분리는 우리가 인식이나 논의의 편의상 마음으로 한 것일 뿐 사물 자체가 갖고 있는 속성이 아니다. "살은 떼어주되 피는 한 방울도 흘려서는 안 된다"는 명 판정으로 고리대금업자 샤일록에게서 베니스의 상인을 구해낸 포샤의 지혜는 사물의 분리될 수 없는 속성을 간파한 데서 나온 것이라 볼 수 있다. 그렇다면 이 경에서 말하는 없음은 '절대적 없음'이다. 손에 들고 있는 사과를 먹어치우면 없어져 버리듯이, 보이다가 사라지는, 즉 있음의 상태에서 없음의 상태로 바뀌는 것은 '상대적 없음'이지만 있음도 없고 없음도 없는 없음은 비非없음이라는 상대 개념이 없기 때문에 '절대적 없음'이라 부르는 것이다.

불법佛法도 실재하지 않는다

무명이 없고 무명의 다함도 없으며 내지는 늙고 죽음이 없고
늙고 죽음의 다함도 없다. 고집멸도가 없고 지혜가 없으며
얻는 것도 없다.

무명부터 노사까지는 십이연기이고 고집멸도는 사성제
라고 부른다. 이들을 반야의 지혜로 관하면 열반을 얻는다
고 하니 이들은 불법佛法의 요체를 말하고 있는 것이다. 그
런데 관세음보살은 이제 불법도 없다고 설하고 있다. 여기
서 법이란 세상의 진리를 언어로 설명한 것, 언표된 법으로
서 앞에서 말한 법의 세 번째 용례에 해당한다.

붓다는 모든 중생에게 찾아오는 고통의 대표로서 노쇠현상과 병, 그리고 죽음이 어디에서 생기는가를 관찰하여 그것이 태어남에서 오는 것임을 보았다. 즉, 늙고 죽는다는 것은 생명 자체에 있는 필연적 사태임을 천명한 것이다. 태어남이란 다시 존재 일반有에서 비롯되고, … 이렇게 근본까지 올라가면 무명無明에 이른다. 이를 시초부터 차례대로 열거하면 무명에서 시작하여 행-식-명색-육입-촉-수-애-취-유-생-노사에 이르게 되니 이를 유전문流轉門이라고 부르고 무명을 없애면 식이 없어지고 내지는 노사가 없는 데에 이르니 이를 환멸문還滅門이라고 한다. 무명이 가장 앞에 놓여 있지만 사실 그것이 발생 시간의 순서로서 시초라는 것은 아니다. 무명은 뒤따르는 번뇌들로 인해 자라나므로 시작을 한정 지을 수 없다. 이를 『대승기신론』에서는 '시작이 없는 무명無始無明'이라고 말한다.

그런데 무명은 실재하는가? 무명은 말 그대로 풀이하면 '밝음이 없음'이니 '어둠'과 같은 의미이다. 어둠이란 밝음의 반대, 빛의 부존재를 말한다. 어두운 방 안에 등을 들고 들어가 보자. 그 순간 어둠은 사라지고 밝아진다. 어둠이

도망가는 일이 먼저 일어나고 다음 순간 그 자리에 밝음이 들어가는 것이 아니다. 어둠은 분할할 수도, 담아서 옮길 수도 없다. 그렇다면 어둠과 같은 무명이 실재한다고, 있다고 할 수 있을까?

이렇듯 현상적 발생 순서로 보더라도 그 시초가 되는 경계를 정할 수 없지만 이 구절에서 밝히고자 하는 것은 더욱 본질적인 데 있다. 즉, 무명과 행 내지는 노사의 실체를 특정할 수가 없다는 뜻이다. 어째서 그러한가? 무명과 행, 행과 식 내지 생과 노사 사이에는 이들을 명확하게 나눌 수 있는 기준선이 없다. 공간적으로나 시간적으로 이들 사이에 경계가 없기 때문이다. 쉬운 것만 말한다면, 삶과 죽음의 사이에는 경계가 없다. 앞에서 살펴보았듯이 살아 있는 상태와 죽은 상태는 명확하게 구분되지 않는다. 그래서 죽음의 정의가 다종다양할 수밖에 없다. 마치 올챙이와 개구리 사이에 경계가 없듯이. 언어를 붙인다는 것은 사물이나 사태의 분할이 전제되지만 실상은 분할되지 않기 때문에 언표된 법은 실재가 없는, 공의 성질을 갖는다. 대충 이 정도에서부터 저 정도까지, 혹은 이쪽의 시간에서 저쪽의 시간까지 나누어 그 부분을 가리키는 '말'이 있을 뿐이다.

사성제 역시 실체가 없다. 사성제는 "세상은 고통이다, 고통의 이유는 그것이 인과 연이 모여 집기集起하였기 때문이다, 고통을 멸한 열반滅이 있고, 그 방법이 있다" 정도로 요약된다. 앞의 고제와 집제는 세간(윤회)의 결과와 원인, 뒤의 멸제와 도제는 출세간의 결과와 원인이라고 주석가들은 풀이한다. 먼저 세간에서 겪는 결과로 설명되는 고통을 생각해 보자.

세상을 살면서 갖는 느낌에는 즐거움도 있고 고통도 있으며 그저 그런 감정도 있다. 그런데 즐거움은 많이 누리는 사람도 있고 조금 누리는 사람도 있겠지만 누구에게나 반드시 있는 것은 아니다. 이에 비해 고통은 모든 존재가 갖는 숙명이니 바로 생로병사의 고통이 있기 때문이다. 노·병·사야 다 고통이라 하겠지만 태어나는 것이 왜 고통인가? 경전에 따르면 생명이 태어날 때는 몸과 마음으로 심한 고통을 느낀다고 한다「중아함」,「분별성제경」. 인간의 경우를 생각한다면 태아는 따뜻한 엄마의 배 속에 있다가 좁은 산도로 빠져나오느라, 갑자기 차갑고 밝고 시끄러운 곳으로 나오느라 신체적으로 심한 고통을 느낄 것이다. 미지의 장소로 옮겨가는 데 따른 심리적 불안도 엄청날 것이다. 게다가 아이가 세상에 나올 수 있도록 도와주는 산모의 고통은 또한 얼마나 극심한가. 즐거움은 임의적이고 지엽적이지만 고통은 피할 수 없고 근본적이다. 때문에 전체적으로 보아 삶은 고통이라는 것은 분명한 진리이다.

하지만 면밀히 생각해 보면 고통은 상대적인 개념일 뿐 그 실체가 없다. 예를 들어 매를 맞는 것은 고통이다. 그러나 마조히스트들은 맞는 것에서 쾌락을 느낀다. 내가 고추를 맛있게 먹는 것을 본 서양 사람이 그것을 먹어보고서는 고통스러워한다. 그들은 매운맛은 미각이 아니라 통각이라고 한다. 고등학생들이 심취해 있는 댄스 뮤직을 들을 때 나이 든 사람들은 정신을 산란하게 만드는 소음이라고 느낀다. 정도의 차이는 있을지라도 고통이나 즐거움은 절대적인 것이 아니다. 받아들이는 사람의 주관적 감정일 뿐이다. 나 한 명을 놓고 보아도 고통은 확정할 수 없다. 팔을 작은 못으로 살살 찌른다. 별 느낌이 없다. 조금 힘을 더 가해본다. 약간 느낌이 온다. 점점 힘을 세게 가하면 어느 순간부터 아픔으로 느껴지고 마침내 참기 어려워지는 때가 온다. 그러나 힘을 어느 정도 가했을 때부터 고통이라고 할 수 있는지 그 경계가 모호하다. 그러므로 세상에 '고통'이라는 존재는 실재하지 않는다고 할 수 있다. 고통만을 속성으로 하는 물질이나 생명도 없다. 만약 세상에 고통이라는 먹을 것이 실재한다면 누구나 그것을 먹었을 때 고통을 느껴야 하고, 고통만을 속성으로 하는 냄새가 실재한다면 언제나 그것을 맡았을 때 고통을 느껴야 한다.

고통의 원인이라고 지목되는 갈애渴愛도 마찬가지이다. 어느 정도의 애착이 있어야 목마른 이가 물을 찾는 듯한 애착이라고 할 것인가. 고통이 확정할 수 있는 실체가 없는 것이라면 그 상대 개념인 즐거움도 역시 확정할 수 없다. '최상의 즐거움'을 열반이라고 하지만 시작과 끝이 없는 세상에서 '최상'을 어떻게 정의하겠는가. 팔정도가 열반을 얻는 방법이라고 하지만 어느 정도 곧아야 바른 견해正見라고 부를까. 사유의 옳고 그름을 나누려면 무량하게 분별할 수 있을 것이고 또한 전 찰나, 후 찰나 쉬지 않고 변하는 사유 과정에서 바른 사유正思惟를 분리해내는 것이 가능할까. 결국 고·집·멸·도라는 진리 역시 현실 자체에는 존재하지 않는 주관적이고 상대적인 속제의 한 가지 분류이다.

혹자는 사성제는 많은 불교경전에 나오는 진리인데 이것을 없다고 한다면 어떻게 하느냐고 물을 수 있을 것이다. 천태학에서는 이를 분류하여 아함부 경전이나 아비달마 논서에서 설명되는 사성제는 생멸사제生滅四諦라고 부른다. 이는 세상이 즐거운 곳이라 생각하여 출세간의 길에 나서지 않으려는 범부들을 대상으로 하는 설법이다. 반야부 경전에 이르러 보살도의 길에 나설 정도의 근기들에 대해서는 본래 생멸이 없고 고와 열반도 없는 사제를 설하니 이를 무생사제無生四諦라 부른다고 설명한다. 무생사제는 생멸사제를 부정하는 교설이 아니다. 사성제라는 진리를 더 근원적인 곳까지, 본질적인 면까지 설명하여 깊이를 더한 것이 무생사제이다.

사성제를 깊이 사유하는 것을 사제관四諦觀이라고 한다. 석존에게 사성제 법문을 들은 성문 제자들은 사제관을 행하여 깨달음을 얻고 성인의 반열에 들었다. 그런데 이때의 깨달음은 세상의 모든 것이 고통이고 그 원인이 갈애임을 아는 것이 아니라 고통이 본래 있는 것이 아님을 보는 것이다. 그러므로 이때 얻는 지혜를 세상에 본래 생멸이 없다는 법을 깨달았다는 뜻으로 무생법인無生法忍이라고 부른다「대지도론」 86. 세상이 모두 고통이라는 생멸사제를 설하는 경우라 할지라도 이를 깊이 사유하여 사실은 고통이 없다는 것을 깨닫는 것은 깨달음의 역설이다. 하나의 문제를 던졌을 때 그것을 풀어서 자유로워지는 것이 아니라 문제 자체를 해소함으로써 자유로워지는 것이라고 할까.

깨달음을 얻는 것을 달리 표현하면 '번뇌를 끊는다'고도 하고 '지혜를 얻는다'고도 한다. 끊는 것과 얻는 것은 빛을 비춤과 동시에 어둠이 사라지듯이 시간적 선후가 없다. 번뇌와 지혜는 동전의 양면과 같은 존재여서 보는 측면만 달리하여 묘사한 것이다. 그러나 이러한 것 역시 언어적 표현일 뿐이다. 본래 번뇌라고 규정할 수 있는 실체가 없듯이 지혜 역시 실체가 없다. 지혜와 어리석음 사이에는 경계가 없기 때문이다. 무생법인을 얻는다는 것은 지혜 아닌 지혜가 생기는 것이고 얻는 것이 없는 얻음이다. 그렇다고 지혜로운 성인과 어리석은 범부가 같은 것도 아니다. 이 둘은 하늘과 땅과 같은 차이가 있지만 경계가 없기 때문에 같다거나 다르다고 하나로 규정할 수 없을 뿐이다. 하늘과 땅 사이에도 사실 경계가 없지 않은가.

두려움이 생기는 원인

얻는 것이 없으므로 보리살타는 반야바라밀다에 의지하여 마음에 걸림이 없다. 걸림이 없으므로 공포가 없고 전도된 마음과 몽상을 멀리 여의어서 마침내 열반에 이른다.

관세음보살은 이제 공의 도리를 보았을 때 얻어지는 공덕을 설하고 있다. 이것은 경전 첫 시작에 던져놓은 "오온이 모두 공하다는 것을 비추어 보고 일체의 고통과 재앙을 건너갔다"는 명제에 대한 부연 설명이다. 오온이 공임을 보면 어째서 고통이 없어지는가. 이제 첫 구절에서 제시한 네 가지 의문 중 마지막 의문에 답변할 차례이다.

지금 이 경문에서는 보살이 공을 보는 지혜인 반야에 의지하여 공포가 없다고 하였다. 공포, 즉 극심한 두려움은 어디서 오는가. 신라 시대 고승인 원측圓測은 『반야심경찬』에서 두려움이란 잘 살지 못할까 하는 두려움 등 다섯 가지를 가리킨다고 하였다. 오포외五怖畏라 불리는 이러한 내용은 결국은 고통에 대한 두려움이다. 고통이 따르지 않는다면 두려움도 있을 이유가 없다. 그러므로 "고통을 건너갔다"는 첫 구절과 "공포가 없다"는 이 구절은 같은 의미를 담고 있다.

그러면 고통은 어째서 생기는가. 즐거움의 반대인 고통의 불교적 정의는 '내가 원하는 것과 어긋나는 상황에 닥쳤을 때 생기는 감정'이다. 재물이 생기고 싶은데, 아름다운 여인이 나를 좋아해 주기 바라는데 그것이 이루어지지 않으면 고통스럽고, 늙고 병들고 죽고 싶지 않은데 뜻대로 되지 않기 때문에 고통스럽다. 입에 쓴 음식을 먹을지라도 그것이 병을 치료하기 위한 것이라면 즐겁게 먹을 수 있고, 팔을 잘라내는 고통이라도 살기 위한 방편이라면 감수할 수 있다. 앞에서 말했듯이 고통은 외부에 실재하는 것이 아니므로 똑같은 상황을 만나더라도 내가 원하는가 아닌가에 따라서 고락이 갈린다.

그런데 내 의지라 할지라도 그것이 무지에서 비롯된 것이라면 역시 고통을 초래할 수 있다. 각종 화학첨가물이 신체에 끼치는 악영향을 모르면 그것이 잔뜩 들어 있는 음식을 즐겁게 먹을 것이다. 남의 재물을 빼앗아 즐거움을 누리는 사람은 결국 법에 의해, 혹은 업보에 의해 훨씬 큰 고통을 받아야 할 것을 모르기 때문에 그것이 다가오기까지 즐겁다고 여기는 것이다. 날카로운 낚싯바늘이 주둥이를 낚아챌 것을 모르는 물고기들이 낚싯밥을 먹듯이 잠시의 즐거움이 더 큰 고통으로 이어질 것을 알지 못하므로 그 즐거움을 누리려 욕심을 내는 것이다.

이와 관련하여 죽은 뒤 자신의 장기를 기증하겠다는 서약에 대해 생각해 볼 필요가 있다. 비록 사후라도 자신의 소중한 신체를 남을 위해 준다는 의지는 매우 고귀한 것이다. 불교 경전에도 눈이나 신체 일부를 남에게 보시하는 일이 훌륭한 사례로서 종종 소개되고 있다. 하지만 그 의지가 "죽으면 어차피 끝인데 이 몸이 무슨 소용이랴" 하는 생각에서 기인한 것이라면 문제가 달라진다. 죽은 뒤 중음신이 한동안 자신의 신체 주위를 맴돈다는 『티베트 사자의 서』의 내용이 사실이라면 아끼는 자신의 신체가 난도질되는 모습에 극심한 공포를 느끼게 될 것이다. 자신이 신체 기증의 서약을 하였기 때문이라는 사실을 잊고 수술하는 사람에 대해 분노를 느끼거나, 자신의 어리석음을 한탄할 것이다. 육신의 보시는 그것에 대한 애착이 사라진 경지에 이른 사람들만 할 일이다.

전술한 오포외 가운데에도 사외死畏가 있지만 생명이면 누구나 갖는 가장 큰 공포는 죽음에 대한 공포이다. 죽음이 두려운 것은 자신이 일생 동안 지은 선업과 악업의 무게를 정확히 가늠하지 못해서 사후에 받게 될 과보의 행방을 모르기 때문이 아닐까. 근본적으로는 생로병사가 자연의 이치이며 즐거움만 지속되는 삶은 즐거움이 아님을 모르기 때문에 두려운 것이다. 진시황이 불로초를 구했다면 행복하였을까? 주변의 모든 것은 변하고 사라져 가는데 자신만 영생을 누린다면 즐거울까? 고통이 있어야 즐거움이 있다. 맛없는 음식을 먹어보아야 맛있는 음식을 느낄 수 있다. 날

마다 파티라면 그것은 파티가 아니다.

공을 보는 지혜가 생긴다는 것은 생명이 생로병사를 무상하게 이어가는 이치를 보는 것이다. 나아가 그 사이에 경계가 없어서 각각의 실체를 잡을 수 없음을 깨닫는 것이다. 공간적으로 다른 것과 분리될 수 있고 시간적으로 잠시라도 정지하는 것이라야 붙잡을 수 있고 얻을 수 있다. 하지만 이런 것이 세상에는 없기 때문에 얻을 수 있는 것이 없다. 얻는 것이 없다면 잃을 것도 없으므로 두려움도 생기지 않는다. 죽음이란 새 생명을 얻기 위한 허물 벗음일 뿐 삶과 죽음 사이에는 경계가 없다. 무경계의 세상은 하나의 세상이다. 구획이 없는 허공을 새가 자유롭게 날듯이 세상에 경계가 없는 실상을 보면 걸리는 것이 있을 수 없다. 걸림이 없으면 두려움도 없다.

오온이 공임을 본다면 또한 전도와 몽상을 멀리 떠날 수 있다고 관세음보살은 설한다. 전도顚倒란 주객과 본말이 바뀐 것을 말한다. 재물이나 권력, 명예와 같은 것은 즐거움을 주기 위한 하나의 계기가 될 수 있을 뿐 그 자체로는 즐거움이 아니다. 하지만 그것을 위해 행복할 수 있는 시간을

다 바치는 이가 얼마나 많은가. 병에 걸렸을 때 병원균이 활발하게 활동할 수 있는 조건을 제공한 자신을 돌아보지 않고 병균을 박멸하는 것만으로 치료하려는 태도 역시 전도의 한 사례이다. 암 세포를 절제하는 것은 임시방편일 뿐 원인을 찾아 고치지 않는다면 암은 또다시 발생한다.

사실 모든 것은 기본적으로 '내 탓'이다. 내가 직접 혹은 주요한 원인을 제공한 것이 결과로 나타난 것이지만 이를 도외시하거나 혹은 (숙세에 지은 것이므로) 잊어버려서 고통의 원인을 외부에서 찾게 된다. 실상을 본다면 이러한 전도된 태도나 생각은 생기지 않는다.

세상에는 전도된 생각, 본말이 뒤바뀐 태도가 수없이 많지만 불교에서는 대표적인 전도를 네 가지라고 말한다. 단단하여 부서지지 않는 알맹이가 없이 찰나마다 무상하게 변하는 세간의 일체 대상에 대해 붙잡을 수 있거나 영원하다고 생각하는 전도. 잠깐은 즐거울지라도 뒤에 더 큰 고통이 기다리고 있어서 길게 보면 고통이라고 해야 할 것을 즐겁게 여기는 전도. 내 뜻대로 할 수 없는 것에 대해 마음대로 하려 하거나 내 소유라고 생각하는 전도. 본질은 깨끗하지 않은데 아름답게 포장된 잠시의 모습을 보고 청정하다고, 좋다고 생각하는 전도. 세상의 유위법은 상常·락樂·아我·정淨을 갖고 있지 못한 존재라고 불교는 가르치고 있고 이것을 바로 보는 것이 전도되지 않은 생각이다.

몽상夢想이란 꿈과 같은 생각을 말한다. 꿈속에서는 진실과 허상을 구별하지 못하여 전도가 일어나도 알지 못한다. 장자가 호접몽을 예로 들며 갈파하였듯이 실상과 허상을 구분하지 못하는 상태는 꿈을 꾸는 것과 다를 바가 없다. 이렇듯 꿈과 같은 생각, 전도된 마음은 사물의 참된 실상을 바로 보지 못하는 것에서 기인한다는 것이다. 세상에는 붙잡거나 얻을 수 있는 것이 아무것도 없고 이러한 실상을 바로 보는 반야의 지혜를 갖추고 있는 보살은 두려움 없이 보살행의 실천에 나아가 결국 열반에 이르게 된다. 보살행의 구체적인 내용은 『금강경』에서 설해진다.

반야는 불모佛母

삼세의 모든 부처님은 반야바라밀다에 의지하여 무상정등
각을 얻는다.

"무상정등각(아뇩다라삼먁삼보리)을 얻는다"는 말은 '성불成
佛'이라고 한역하기도 한다. 삼세의 부처님이란 과거에 출
현했던 부처님과 미래에 출현할 부처님, 그리고 현재(당시)
의 부처님인 석가모니불을 말한다. 그러므로 이 구절은 성
불하기 위해서는 반드시 반야바라밀에 의지해야 함을 설
하는 내용이다. 앞서 사물의 실상인 공의 이치, 진제를 보
는 지혜가 반야라 하였다. 반야바라밀이란 육바라밀 가운

데 여섯 번째로서 공을 보는 지혜를 바탕으로 사유하고 행하는 것이다. 그러면 어째서 공의 도리를 보아야 붓다가 될 수 있는가?

공의 도리를 본다는 것은 무경계의 세상, 분별되지 않는 실상을 있는 그대로 직시한다는 것이다. 머리로, 지식으로 이해하는 것이 아니라 온몸으로 느껴서 체득하는 것이다. 이러할 때 크게 나누어 다음 두 가지를 성취할 수 있다.

첫 번째, 수많은 속제에 대한 이해, 올바른 지식이 생길 수 있다. 분별세계에 머물면 고통과 즐거움이 나누어진다. 고통은 피하고 즐거움은 취하고 싶은 것이 모든 생명의 공통된 경향이다. 고통을 주는 것이라고 생각되는 대상이나 상황에 대해서는 성내는 마음瞋心이, 즐거움을 주는 것이라고 여겨지는 대상이나 상황에 대해서는 탐내는 마음貪心이, 그리고 이들의 인과관계를 모르는 때 어리석은 마음癡心이 일어난다. 이러한 삼독심은 사물을 바로 보는 눈을 가린다. 하지만 고통과 즐거움이 본래 사물 자체에 있는 것이 아니고 그렇게 분리되는 것도 아님을 깨닫게 되면 삼독심이 생길 근거가 사라지게 되고 사물을 있는 그대로, 선입견이 배

제된 채 보는 지혜가 생기게 된다. 분별심이 사라질 때 바른 분별이 일어나는, 역설적 상황이 되는 것이다. 불교용어로는 공을 보는 지혜를 무분별지無分別智라 하고 이를 바탕으로 인간의 약속으로서 분별되는 속제를 바로 보는 지혜를 무분별후득지無分別後得智라고 부른다. 무분별의 지혜가 바탕이 되어야 비로소 속제로 분별되는 세계에 대한 바른 지혜가 생기고 이에 따른 능력도 얻게 되는 것이다. 『화엄경』, 『금광명경』 등 대승경전에서는 보살도의 내용으로서 육바라밀 외에 방편方便·원願·력力·지智를 더해 십바라밀을 설하고 있는데 추가된 네 가지는 모두 무분별지, 즉 반야가 바탕이 되었을 때 가능한 실천방법이다.

중국 선가에서 전해지던 일화를 현대 한국의 고승 성철 선사가 정리한 다음과 같은 네 구절의 시가 있다. "산은 산이요 물은 물이다. 산은 산이 아니요 물은 물이 아니다. 산이 물이요 물이 산이다. 산은 산이요 물은 물이다." 첫 번째 구절은 산은 계속 산이고 물은 본래 물이라고 생각하는 일반 범부들의 고착된 견해이다. 산과 물에 대해 여러 가지 정의를 내리고 그 특징을 잘 안다 해도 종종 본질을 망각하여 온갖 집착과 논쟁이 일어난다. 그러나 산은 나라마다 용어가 다르고 지방마다 정의가 다르며, 또한 세월의 흐름에 따라 계속 변하는 흙무더기라는 것이 본질이다. 무엇보다도 다른 사물과 경계가 없어서 적확하게 '산', '물'이라고 분별할 수 없는 것을 우리가 편의대로 대강 구분하여 이렇게 이름을 붙인 것일 뿐임을 직시한다면 산은 산이 아니고 물은 물이 아니라는 과정을 거쳐 산이 물이고 물이 산이라고 말하게 된다. 이것이 무분별지이다. 하지만 여기에 머물면, 자신은 여여한 세계를 관조하며 유유자적한 삶을 살 수 있지만 다른 중생들과는 융화할 수 없다. 불가에서는 이를 출세간出世間에 머문다 하는데 잘못하면 일종의 허무주의라 할 악취공惡取空에 빠질 수도 있다. 다시 산은 산이고 물은 물임을 인정하여, 속제 역시 유용성이 있음을 알고 이를 익혀야 한다. 그러나 같은 '산은 산, 물은 물'이라 할지라도 첫 번째 입장과 마지막 입장은 천지 차이이다. 네 번째는 무분별의 진제를 깨달은 바탕에서 얻어지는 무분별후득지의 분별이므로 자유자재하게 활용되는 지혜인 것이다. 비유한다면 몸에 어떤 병이 있을 때 약초를 처방하는 것은 두 의사가 똑같지만 한 의사는 그 약초가 그 병에 좋다는 현상만 아는 사람이고 또 한 명은 약초의 성질과 약리작용을 모두 잘 아는 사람의 경우와 같다. 두 사람이 약초를 쓰는 것은 같아도 본질을 알고 모르는 차이가 있어서 전자의 경우 때때로 병을 악화시킬 수도 있고 부작용으로 새로운 병을 만들 수도 있지만, 후자의 경우 이런 일이 일어나지 않는다.

두 번째로 공을 체득해야 진정한 보살도를 행할 수 있다. 보살이란 보리심을 일으킨 중생, 보리살타의 줄인 말이고 보리심을 일으키는 것을 발보리심發菩提心, 줄여서 발심이라고 한다. 구체적으로 말하면 "중생무변서원도 번뇌무진서원단 법문무량서원학 불도무상서원성"의 사홍서원을 세우는 것이다. 끝없이 이어지는 중생들을 제도하기 위해서 한없이 많은 번뇌를 끊고 무한히 많은 법문을 익히는 것이 바로 보살도이고, 붓다가 된다는 것은 이러한 보살도를 완성했음을 의미한다.

여기서 사홍서원의 첫 구절이 "중생은 가없지만 모두 제도하기를 서원합니다"임을 주목해야 한다. 흔히 깨달음을 얻으면 그 지혜를 가지고 대중을 인도하는 것으로 이해하지만 사실은 그렇지 않다. 대중을 올바르게 인도하겠다는 서원이 바로 서 있어야 끝없는 번뇌를 끊고, 무량한 법문을 익힐 수 있다. 예를 들어 중생이 병들어 있을 때 그에게 불도의 높은 법을 설해주는 것은 적당하지 않다. 먼저 병을 고칠 수 있도록 인도해야 하는데 그 병 고치는 법을 모르면 번뇌이고 알면 법문이다. 병 고치는 법을 익히기 위해서는 먼저 중생의 병을 고쳐주고자 하는 간절한 마음이 일어나야 한다. 간절한 마음은 단순히 불쌍히 여기는 자비심만으로는 일어나지 않는다. 그와 내가 분리되어 있지 않다는, 즉 '남'이 아니라는 무분별의 실상을 알아야 비로소 큰 자비가 일어난다. 분리되어 있지 않다면 그와 나는 하나이다. 한 몸이다. 그러므로 불교에서는 이러한 자비를 동체자비同體慈悲라고 한다. 저와 내가 분리할 경계가 없어서 한 몸이라는 자각이 생기면 그때 일으키는 자비는 자비가 아니다. 내가 나에게 일으키는 마음을 어찌 자비라 할 것인가. "중생이 병들면 보살도 병든다"는 『유마경』의 유명한 구절은 이러한 사정을 반영한, 진실이 담긴 언급이지 결코

레토릭이 아니다.

무경계의 세계, 분별할 수 없는 실상을 깨닫는다는 것은 그러므로 더 큰 지혜를 얻기 위해서, 또한 중생제도라는 보살행을 실천하기 위해서 필수불가결한 요소이다. 이 때문에 예로부터 반야는 불모佛母, 즉 '붓다의 어머니'라 불려 왔다. 『반야심경』은 이렇듯 중요한 공의 이치를 언어를 빌려 표현한 경전이다. 이 도리를 깨달으면 삼독에 기인한 번뇌를 끊어 윤회를 벗어날 수 있고, 보리심을 일으켜 보살의 길로 나아갈 수 있으며 궁극에는 최상의 깨달음을 얻을 수 있다.

세상의 사물에는 온갖 이름이 붙어 있다. 또한 이들의 상태나 관계 등을 표현하는 말들도 있다. 이를 언어라고 한다. 인간은 언어를 통해 사물을 이해하고 언어로써 사유한다. 이러한 사유방식은 유용하기는 하지만 세계의 실상을 유사하게 이해하도록 할 뿐, 진실 그대로를 알려주지는 않는다. 사물에 이름을 붙이기 위해서는 이것과 저것을 분리하여야 하지만 사실 분리할 수 있는 경계가 없기 때문이다. 나아가 언어는 사유를 구속하는 장애물로도 작용한다. 이름이 붙어 있지 않은 사물, 분리되지 않는 언어 이전의 실상을 밝히고자 하면서도 역시 언어를 빌려 설명할 수밖에 없다는 것이 반야부 경전의 아이러니다. 여기에 필자의 해설까지 덧붙였으니 군더더기 위에 군더더기를 겹쌓은 격이어서 몹시 조심스럽다. 이제 언어를 벗어난 무분별의 세계를 그리면서 자유로운 마음으로 다시 『반야심경』의 번역문을 읽어 보자.

관자재보살이 깊은 반야바라밀다를 행할 때 오온이 모두 공함을 비추어보고 일체의 고통과 액난을 건넜다. "사리자여, 색은 공과 다르지 않고 공은 색과 다르지 않다. 색은 공에 상즉해 있고 공은 색에 상즉해 있으며 수상행식도 그러하다. 사리자여 모든 법은 형상이 공하므로 생겨나지 않고 없어지지 않으며 더럽지 않고 깨끗하지도 않고 또한 늘거나 줄지도 않는다. 그러므로 공 가운데는 색이 없고 수상행식도 없으며, 안근·이근·비근·설근·신근·의근이 없고 색경·성경·향경·미경·촉경·법경도 없다. 안계가 없고 내지는 의식계도 없으며 무명이 없고 무명이 다함도 없다. 내지는 늙고 죽음도 없고 늙고 죽음이 다함도 없다. 고집멸도가 없고 지혜가 없으며 얻는 것도 없다. 얻는 것이 없으므로 보리살타는 반야바라밀다에 의지하여 마음에 걸림이 없다. 걸림이 없으므로 공포가 없고 전도된 마음과 몽상을 멀리 여의어서 마침내 열반에 이른다. 삼세의 모든 부처님은 반야바라밀다에 의지하여 무상정등각을 얻는다. 그러므로 반야바라밀다는 신통한 주문이고 밝은 주문이며 최고의 주문이고 비교할 것 없는 주문이다. 일체의 고통을 제거하고 진실하여 허망하지 않으므로 반야바라밀다주를 설함을 알아야 한다." 곧 주문을 설하였다. "아제아제 바라아제 바라승아제 모지 사바하."

마지막으로 사족을 하나 덧붙이자면, 마지막 주문인 "아제아제 ~ 모지 사바하"가 본래 인도의 범어음과 다르므로 "가테 가테 ~ 보디 스바하"라고 읽어야 한다는 설명을 종종 볼 수 있다. '가테'는 본래 음과 같은가? 설사 똑같다 할지라도 반야부 경전이 언어를 설명하려는 경전인가? 이를 두고 달은 보지 않고 그것을 가리키고 있는 손가락만 보는 경우라고 한다. 다른 경전이라면 몰라도 적어도 언어가 붙여지기 이전의 세계를 밝히고, 언어를 포함한 속제의 허망함을 설하는 『반야심경』을 읽으면서 이렇게 지적하는 것은 '불조심'이라는 문구 아래에서 불장난하는 격이다.

『금강경』이라는 경전

앞서 『반야심경』은 반야의 이론을, 『금강경』은 반야의 실
천을 주로 밝히고 있다고 하였다. 이제 『금강경』을 읽어 나
가기 전에 이에 대한 주변 지식을 조금 설명하려 한다. 학
문적 지식이 아니라 경전이 설하고 있는 본질적 내용이 궁
금한 이는 그냥 넘어가도 좋다.

『금강경』이라 하면 보통 구마라집이 402년에 한역한 『금
강반야바라밀경』을 가리킨다. 구마라집 이후에도 한역한
것이 다섯 종류 있지만 대개 구마라집의 번역본에 의거하
여 경을 읽는다. 금강이란 금강석의 줄인 말로 금강석, 즉
다이아몬드는 경도 10으로서, 세상에 존재하는 가장 단단

한 물질이다. 일찍이 석가모니불 이전부터 고대 인도에서
는 금강석이 이미 사용되고 있어서 불교를 옹호하는 천신
가운데는 이를 무기로 사용하는 금강신장(집금강신)도 있다.
반야가 여러 지혜 가운데 모든 번뇌와 무지를 깨뜨릴 수 있
는 가장 강력한 지혜이므로 금강석에 비유하였다.

　이 경전은 예로부터 강설한 고승들이 매우 많았고 주석
서도 수백 종을 헤아린다. 현재 전해지고 있는 것으로 몇
가지만 예거하면 인도의 논사가 저술한 것으로는 무착無着
이 짓고 달마급다가 한역한 『금강반야론』 2권, 세친世親이
저술하고 보리류지가 한역한 『금강반야바라밀경론』 3권이
있다. 중국 고승의 저술로는 승조僧肇의 『금강반야바라밀
경주』 1권, 천태대사 지의智顗가 설한 『금강반야경소』 1권,
길장吉藏의 『금강반야소』 4권, 규기窺基의 『금강반야경찬술』
2권, 종밀宗密의 『금강반야경론소찬요』 2권 등이 있다. 또
작자는 불확실하지만 인도와 중국 논사들의 여러 견해가
담겨 있는 『금강선론金剛仙論』 10권도 중요하다. 우리나라에
서는 경문과 함께 여러 사람의 해설을 모은 『금강경오가
해설의說誼』가 많이 읽힌다. 이 책은 육조 혜능, 규봉 종밀,

부대사 등 중국의 출·재가 고덕 다섯 명의 주석을 한데 모아 편집한 『금강경오가해』에 조선 초 함허 득통涵虛得通이 해설을 덧붙여 간행한 것으로 한글 번역본도 출판되어 있다.

『오가해』에 중국 선종의 조사인 혜능慧能이 포함되어 있는 것에서 알 수 있듯이 『금강경』은 불립문자를 표방하는 선종에서도 중시되는 경전으로서 현재 한국의 최대 종단이며 간화선을 수행법으로 삼고 있는 조계종의 소의경전이기도 하다. "응무소주이생기심應無所住而生其心"이라는 『금강경』 구절이 남종선을 중국에 크게 퍼지게 한 장본인인 혜능의 득도 계기가 된 것은 유명한 일화이다. 조선 세조 때 설치한 간경도감에서 간행한 언해본 『금강경』은 혜능의 주석을 번역하여 함께 싣고 있다.

『금강경』은 1권짜리 적은 분량의 경전으로서 본래 품이 나누어 있지 않지만 예로부터 32단락으로 나누어 각 단락마다 제목을 붙인 것이 많이 유통되어 왔다. 이 단락 나누기는 중국 남북조 시대 양梁 무제의 장자인 소명昭明태자가 행한 것이라고 전해 오지만 이는 조금 더 연구가 필요한 부분이다. 왜냐하면 제2장의 제목이 '선현기청분善現起請分'인데

'선현'이란 수보리의 현장식 번역으로서 현장은 소명태자보다 1백여 년 뒤의 인물이기 때문이다. 다시 말하면 소명태자는 구마라집이나 보리류지의 번역본을 보았을 것인데 이 둘은 모두 수부티Subhūti를 '수보리'라고 음역하고 있으므로 그가 제목을 붙인다면 '수보리기청분'이라고 하였으리라는 것이다. 하지만 당시에 수보리라는 음사 외에 선현이라는 의역어가 다른 경전에서 이미 사용되고 있었을 수도 있으므로 소명태자가 분과를 행한 것이 아니라고 확언하기도 어렵다. 어찌 되었든 이 글에서는 이러한 전통적인 단락 나누기와 각 단락의 제목을 그대로 따라서 진행할 것이다.

이 경전은 석가세존이 사위국의 기수 급고독원에 비구 1천2백5십 명과 함께 머물 때 설해진 것이다. 당시 대중 가운데 있던 수보리가 세존에게 질문을 하자 이에 대해 세존이 답변하면서 이후 문답이 이어지는 형식으로 진행된다. 질문은 "선남자 선여인이 아뇩다라삼먁삼보리심을 일으키면 응당 어떻게 머물러야 하고 어떻게 그 마음을 항복해야 합니까?" 하는 내용이다. 즉, 이 경전의 주제는 발심한 보살은 어떻게 행위를 하고 어떻게 마음을 제어해야 하느냐는 보살의 실천도에 관한 것이다. 그런데 이러한 질문은 제17장 「구경무아분」에서 똑같이 반복된다. 이뿐만 아니라 이후 전개되는 문답이 유사한 형태로 후반부에서도 나오고 있음을 볼 수 있다.

이로 인해 옛 주석가들은 이 경전을 전반부와 후반부의 둘로 나누어 보아야 한다고 풀이하였다. 1장부터 16장까지가 전반부이고 17장부터 32장까지가 후반부이다. 승조는 전반부는 중생공衆生空을, 후반부는 법공法空을 설하였다 하였고, 지의와 길장은 전반부는 먼저 온 대중을 대상으로 설한 것이고 후반부는 뒤에 온 대중을 위해 설한 것일 수 있다고 하였다. 또 전반부는 영리한 근기를 위해서, 후반부는 둔한 근기를 위해서 설한 것일 가능성도 있다고 보았다.

수보리가 처음 제기한 질문에 대해 조금 더 생각해 보자. "선남자 선여인이 아뇩다라삼먁삼보리심을 일으킨다"는 것은 무엇을 뜻하는가? 아뇩다라삼먁삼보리란 범어 아눗타라삼먁상보디anuttara-samyak-saṃbodhi를 음사한 것으로서 더이상 높은 것이 없고 빠짐없이 모두 알며 조금도 왜곡됨 없이 아는 지혜를 뜻한다. 무상정등정각無上正等正覺, 무상정변

지無上正遍知 등으로 의역하며 다른 용어로는 '모든 것을 아는 지혜'라는 의미로 일체지─切智, 혹은 일체종지─切種智라고도 한다. 현대어로 하면 전지全知;omniscience가 되는, 붓다가 되었을 때 얻는 최고의 지혜이다. 이러한 지혜를 얻고자 굳게 서원하는 것을 '아뇩다라삼먁삼보리심을 일으킨다發' 하고 이를 줄여서 '발보리심', 더 줄인 것이 '발심'이다. 발심한 사람을 보디사트바bodhi-sattva, 음역으로 보리살타라 하고 이를 줄인 것이 보살이다.

절에 가면 여성이 죄다 보살이고, 불가에서 발심은 흔히 듣는 말인데 이렇게 어렵고 높은 것이었던가? 대승을 익히고 육바라밀을 실천하는 이를 모두 보살이라 하는 것은 맞다. 하지만 교학적으로는 엄밀한 구분이 되어 있다. 52위로 설명되는 보살 계위로 말하면 초신부터 10신까지의 자리에 있는 보살은 가명假名보살이라 하고 초발심주라 불리는 초주위初住位에 올라야 비로소 진실보살이라고 한다. 아직 발심하지 못한 대승 수행자들은 보살은 보살이되, 이름만 보살이라는 뜻이겠다. 구족계를 받지 않은 사미승도 '스님'이라 불러주고, 조그만 가게를 운영하는 주인도 '사장님'

이라고 호칭하는 것과 같은 경우이다.

앞의 『반야심경』 읽기에서 설명하였듯이 보리심을 일으키는다는 것은 나와 세계, 나와 일체 중생이 분리되어 있지 않다는 공의 이치를 체득했을 때 가능하다. 무상보리를 얻는다는 것은 일체 중생을 제도하겠다는 진정한 마음이 일어나야 하고, 이러한 마음은 일체 중생과 내가 한 몸임을 느껴야 생기기 때문이다. 그러므로 『금강경』은 진여의 세계를 본 수행자들이 어떻게 마음을 쓰고 어떻게 실천을 해야 진여의 도리에 맞는 것인가를 설하는 경전이다. 그렇다고 진여의 도리를 보지 못한 범부들에게 아무 소용이 없다는 의미는 아니다. 어른들이 하는 일을 보는 어린이들이 당장 따라하지는 못하여도 마음에 새겨두었다가 성장한 뒤 그 일을 똑같이 할 수 있듯이 범부인 우리들이 나아갈 바를 알려주는 지침으로 새겨둘 수 있는 것이니까.

동일하게 유지되는 것이 없다

　발심한 보살이 어떻게 마음을 써야 하느냐는 수보리의
질문에 대한 제3「대승정종분」에 담긴 석가 세존의 첫 번째
대답 가운데 핵심은 다음과 같다.

　무량한 중생들을 열반에 들게 할지라도 실로 열반을 얻은 중
　생은 없다. 아상·인상·중생상·수자상이 있으면 보살이 아
　니기 때문이다.

　앞에서 말하였듯이 발심을 한다는 것은 구체적으로는 사
홍서원을 세우는 것이다. 그 첫 번째인 '중생무변서원도'를

실천하여 무량한 중생들이 제도되었다 할지라도 사실 제도된 중생은 하나도 없다는 것이다. 경문에서 '멸도滅度'라는 것과 사홍서원에서 '도度'라 하는 것은 모두 열반의 다른 표현이다. 이 무슨 역설인가?

사실 이것은 역설이 아니다. 사실을 그대로 나타낸 것이다. "열반을 얻은 중생이 없다"는 것은 두 가지 점에서 그렇다. 첫 번째는 본래 열반이라 할 실체가 없기 때문이고 두 번째는 본래 중생이라 부를 존재가 없기 때문이다. 고통과 분리되어 있는 열반이라는 실체가 없다는 것은 앞서 고·집·멸·도의 사성제가 없다는 『반야심경』 구절에서 설명하였고, 또 이 경문의 포인트는 '중생이 없다'는 것에 있기 때문에 어째서 중생이 없다고 하는지를 살펴보아야 한다.

아상·인상·중생상·수자상은 보통 아인사상我人四相, 혹은 사견四見이라 불리는 구절이다. 이 경전에 여러 차례 반복되어 나오는 매우 중요한 개념이기 때문에 현대 학자들도 이를 여러 가지 방면으로 고찰하여 그 의미를 분석하고 있지만 명쾌한 해석, 공인된 견해는 아직 찾기 어렵다. 아·인·중생·수자는 각각 범어 아트만atman, 푸드갈라pudgala, 사트바sattva, 지바jīva의 한역어로 보인다. 석가모니 당시 여러 종교나 학파에서 윤회의 주체나 변치 않는 본질로서 상정하고 있는 것들이다.

예를 들어 연극배우 A가 있다고 하자. 지난 연극에서 그가 맡은 역할은 왕이었다. 이번 연극에서는 노예였고, 다음 연극에서는 사자 역할을 맡는다. 매 작품마다 복식과 분장, 그리고 말투도 다르지만 우리는 그 배역들이 동일한 인물 A라고 생각한다. 사람이 죽은 뒤 윤회를 하거나 천국에 간다는 것도 이와 비슷하여 외형은 달라지더라도 그 본질은 같은 것이 옮겨가는 것이라고 생각한다. 이 본질이 되는 것을 상정하여 아 내지 수자라고 이름 붙인 것이라고 이해하는 정도면 지금의 논의 전개에 별 무리가 없다. 아니면 현대에 많이 사용되는 '(영)혼'과 같은 것이라고 생각해도 유사하다. 다만 당시 최대 종교였던 브라마니즘에서 상정하고 있던 아트만, 즉 '아'를 이들의 대표로 삼아서 '아상'을 가지고 논의를 진행하면 될 것이다.

다음에 '상相'이란 무슨 의미인가. 앞서 『반야심경』의 '제법공상' 구절에서 상이란 사물의 형상, 상태, 특징, 징후 등

동일하게 유지되는 것이 없다 **137**

의 의미를 갖는 범어 락샤나lakṣaṇa의 역어라고 해설한 바 있다. 그런데 이 구절에서는 범어 상즈냐saṃjñā의 번역어이다. 상즈냐는 영어로 perception, conception, notion 등으로 번역되는 말로서 대개 인식, 이해, 개념, 생각 등의 의미라고 이해된다. 그렇다면 한자로는 '생각 상想'으로 옮겨야 할 것이다. 실제로 진제나 현장 등은 '상想'으로 번역하였고 다른 경전에서도 이렇게 번역한 경우가 많이 있다. 그런데도 구마라집은 왜 굳이 '상相'이라는 글자를 선택하였을까?

본래 '상相'은 '서로', '형상' 등의 의미뿐 아니라 '생각하다 想'는 의미로도 사용되는 글자이다. 경전의 문맥을 보면 '아상이 없다'는 것은 "아가 있다는 생각이 없다"는 의미도 되지만 "실상에는 '아'라고 특정할 수 있는 실체가 없다"는 의미도 담고 있는 것으로 이해해야 본래 의도에 가까운 경우가 더욱 많다. 즉, 이 구절은 '아라는 특징을 갖는 것이 없다'는 의미와 '아라는 생각이 없다'는 두 가지 의미를 동시에 갖는다는 것이다. 구마라집을 위시하여 당시 역경에 참여한 수많은 고승이 상즈냐의 번역어로서 의미 폭이 한결 좁고 명확한 상想을 사용하지 않은 것은 존재와 인식의 양

차원에서 그것이 갖는 중층적 의미를 담기 위해 고심한 결과라고 생각된다.

일상적으로 "아상이 없다"는 말은 오만한 마음이 없다, 겸손하다는 정도의 의미로 사용된다. 국립국어원에서 발행한 『표준국어대사전』에서는 아상에 대해 "오온五蘊이 화합하여 생긴 몸과 마음에 참다운 '나'가 있다고 집착하는 견해"라는 불교적 의미와 함께 "자기의 처지를 자랑하여 남을 업신여기는 마음"이라는 일상적 의미로서 풀이하고 있다. 하심下心을 가지라는 것은 오만심이나 집착하는 마음을 내려놓고 자신을 낮추라는 뜻이다. 그러나 『금강경』에서는 단순히 이러한 마음을 가져야 한다는 도덕적 훈계일 뿐 아니라 본질적으로 아가 없는 실상을 밝히고 있는 것이다. 그러므로 "아상이 있으면 보살이 아니다"는 구절은 "(실상에는 '아'라는 특성을 가진 존재가 없으므로 이를 깨달은) 보살들은 '아'라는 관념을 갖지 않는다"는 것으로 이해하는 것이 좋다. 그렇다면 '아'란 무엇이고 왜 이것이 없다는 것인가?

필자가 '아'를 '나'라고 풀어서 쓰지 않는 이유는 '나'가 보통 자신을 지칭하는 대명사로서 쓰이기 때문이다. 여기서의 '아'란 대명사가 아니고 나의 본질essence, 변치 않는 나의 실체substance로서 형이상학적인 존재를 가리킨다. 앞서 든 연극배우의 경우, 복장과 분장 등은 바뀌어도 동일한 인물 A가 '아'에 해당한다. 그런데 조금 더 깊이 들어가서 그 A라는 사람이 불행하게도 큰 사고를 당해 팔과 다리가 잘렸다고 하자. 팔과 다리가 없는 이 사람은 여전히 A인가? 나아가 간이 심하게 손상되어 다른 사람의 간을 이식받았다고 하자. 이 사람은 여전히 A인가? '나는 무엇인가?'라는 질문은 나의 본질이 무엇인가, 나를 나이게끔 만드는 정체성을 어디에서 찾을 것인가 하는 문제이다. 다른 것은 다 바뀌어도 이 하나만 남아 있을 때 앞의 것과 동일한 것이라고 간주된다면, 그 하나가 바로 나를 나이게끔 만드는 본질로서 진정한 '아'이다. 이 하나가 심장이라 하는 이도 있고 뇌라고 하는 견해도 있으며, 영혼이나 마음이라 하는 경우도 있다.

앞서 『반야심경』 읽기에서 '아我'의 개념을 말하면서 그것이 '상일常一'과 '주재主宰'의 성질을 갖는 것이라고 설명한 바 있다. 상일에서 '상'이란 시간적으로 변함없이 동일한 성질이나 모습을 유지하는 것을 의미하고 '일'이란 공간적으로 다른 사물과 분리, 독립하여 자체적으로 있는 것을 말한다고 하였다.

내가 사용하고 있는 컴퓨터가 있다. 편의상 A1컴퓨터라고 부르자. 잘 사용하다가 어느 날 그래픽카드가 고장 나서 교체하였다. 이것은 A2컴퓨터라고 부르자. A1컴퓨터와 A2컴퓨터는 같은 것인가? 보통은 같은 것이라고 생각한다. 그렇게 생각하는 이유는 그래픽카드를 제외하고 다른 대부분의 부품들이 전과 같은 것이기 때문이다. 그런데 이번에는 사운드카드를 교체하여 A3컴퓨터가 되었다. 이것도 전과 같은 것인가? 이렇게 냉각기, 드라이버, 메모리카드를 계속 교체하여 A4, A5, A6로 바뀌다가 반 이상이 교체되고, 더 나아가 A20쯤 되면 처음과 같은 것이 하나도 없는 상황이 될 수 있다. 그래도 같은 컴퓨터라고 할 것인가? 혹자는 부품을 바꾸었어도 하드디스크에 담겨 있는 데이터들이 계속 유지되므로 같은 것이라고 말할 수도 있다. 그렇다면 A1컴퓨터와 A2, A3 등이 동일한 것이라고 판단한 이유는 하드웨어가 대체로 동일한 것으로 유지되기 때문이고 이것이 완전히 바뀐 A20이 되더라도 안에 담긴 데이터가 같기 때문이다. 이렇듯 전과 후를 동일한 것으로 판단하게끔 만드는 무엇, 그것을 '아'라고 한다. 부품이 바뀌고 데이터가 바뀌는 이 컴퓨터를 A, B, C 등으로 표기하지 않고 A1, A2, A3 …로 표기한 것은 그 전후의 개체가 동일한 것이라고 생각하는 일반적 사고를 반영하기 위한 것이다.

그러나 컴퓨터를 사용하다 보면 하드웨어만 바뀌는 것이 아니고 담겨 있는 내용 역시 변화한다. 데이터는 수정되고 삭제되며 추가되기도 한다. 데이터 역시 동일성이 없기 때문에 앞 컴퓨터와 뒤 컴퓨터를 같은 것이라고 여기는 것은 정확하지 않다. 그런데 이러한 변화는 끊임없이 일어난다. 처음의 하드웨어를 그대로 유지하고 있는 A1컴퓨터라 할지라도 그 부품들은 조금씩 소모되고 부식되는 상태에 있고, 데이터 역시 조금씩 바뀌고 있다. 그렇다면 A1 내에서도 A1.1, A1.2, A1.3 … 등으로 무한하게 세분할 수 있고, A2 안에서도 A2.1, A2.2, A2.3 … 식으로 다르게 표시하여야 한다.

그러다가 이 컴퓨터를 더 이상 사용하지 않게 되어 버린다면 고철이라고 한다. 그것은 앞과 많이 다른 것이므로 B 라고 표시하게 된다. 하지만 A라는 컴퓨터와 B라는 고철 사이에도 사실은 명확한 경계가 없다. 언제부터 고철이라고 부를 것인가를 놓고 말한다면 수백 가지 견해가 나올 수 있다. 이는 변화가 계단식이 아니고 경사로식이기 때문이다. 경사로의 각도가 완만한 곳이 있고 급격한 곳도 있지만 낮은 곳과 높은 곳 사이에는 명확한 경계가 없다. 이처럼 A컴퓨터는 잠시라도 그 '본래'의 모습이 유지되는 일이 없고, 담겨 있는 내용 또한 바뀌고 있으므로 전과 후는 동일성이 없다. 이를 두고 A컴퓨터의 '아'가 없다고 부를 수 있다. 때로는 생명체와 구별하여 A컴퓨터라는 '법'이 없다고도 한다.

사람도 이와 마찬가지이다. 사람의 본질에 대해 불교에서는 오온의 집합체라고 한다. 현대의 용어로 하면 색온은 육신, 수·상·행·식의 4온은 마음이라고 이해하여도 대략 비슷하다. 육신은 자기동일성을 유지하는가. 어릴 때의 모습과 청년기, 노년기의 모습은 많이 다르다. 외양만 바뀌는 것이 아니라 육신을 구성하고 있는 재료도 교체된다. 현대 과학에 따르면 신체는 1백조 개가 넘는 세포로 이루어져 있고 이 세포는 계속 죽고 새로 생겨나기 때문이다. 어떤 연구에 의하면 사람의 혈액세포는 긴 것이 4개월이고 피부는 한 달이면 바뀐다. 또 단단하다고 생각되는 뼈 역시 10년가량이면 완전히 새로운 세포로 바뀐다고 한다. 신체는 시시각각 다른 것으로 바뀐다. 이 가운데 어디서 동일성을 찾을 수 있는가.

흔히 육신의 주인을 마음이라고 생각한다. 그래서 신체는 바뀌어도 마음이 같으므로 동일성이 유지된다고 생각한다. 하지만 사실 마음은 육신보다 더 빠르게 바뀐다. 욕심, 질투, 분노, 연민, 자비 등 선한 마음과 악한 마음이 끊임없이 교체되어 일어나서, 어제까지 평온하고 천사 같던 내 마음이 순식간에 악마의 마음으로 바뀌기도 한다. 작심삼일이라 하지 않는가. 기억 역시 새로운 것이 생기면서 옛 것이 사라지거나 왜곡되기도 한다. 마음은 육신보다 오히려 전과 후의 동일성이 없어서 '아'를 찾을 수 없음을 석존은 다음과 같이 설하고 있다.

차라리 4대로 이루어진 색신色身에 대해서 '나', '내 것'이라고 얽매일지언정 의식에 대해서 '나', '내 것'이라고 얽매이면 안 된다. 왜냐하면 색신은 혹 10년 내지 1백 년을 머무르지만 … 저 마음心, 뜻意, 의식識은 밤낮의 때에 잠시라도 머물지 않아 갖가지로 변하여 생멸하기 때문이다「잡아함」「무문경無聞經」.

몸과 마음은 계속 변화하지만 그렇다고 완전히 이질적인 것으로 원칙 없이 마구 바뀌는 것은 아니다. 예를 들어 사람이 갑자기 모기가 되었다가 나무로 바뀐다거나 매우 자비롭던 마음이 느닷없이 심하게 극악한 마음으로 바뀌거나 하지는 않는다. 이는 '변화' 혹은 '변한다'는 말 자체가 갖는 특성이다. 일상적으로 변한다는 말은 전자와 후자 사이에 동일성과 차이성이 동시에 있을 때 쓰는 말이다. 앞서 컴퓨터의 변화를 예로 들면서 A1에서 A2, A3로 변한다고 표현하였다. 이때는 전과 후가 여전히 A라고 불릴 수 있는 동일성이 앞과 뒤 사이에 존재한다는 의미이다. 형태나 재료 혹은 성질 등이 일부 바뀌었지만 이전과 이후 사이에 일정 부분의 동일성이 유지되는 것을 변화라고 하는데, 불교에서는 변화가 갖는 동일성의 측면을 감안하여 이를 '상속相續'이라고 부르기도 한다. 그러나 이때의 동일성은 완전히 같다는 것이 아니고 '대략' 같다는 것일 뿐이다.

그러나 이 동일성을 완전히 같은 것으로, 혹은 본질이 같은 것으로 이해하여서 동일성이 전제되는 윤회는 무아와 배치된다고 생각하는 이들이 많다. 예를 들어 전생에서는 A라는 사람이었다가 선업을 많이 짓지 못하여 다음 생에 B라는 소로 태어났다면 이 A와 B의 사이에는 무엇인가 동일성이 있어야 하지 않느냐는 것이다. 앞에서 예를 든 연극배우처럼 그가 왕과 노예, 사자로 역할을 바꾼다 할지라도 속의 인물은 동일한 연극배우이듯이 말이다. 물론 옳은 논리이다. 그러나 윤회는 이런 방식으로 되는 것이 아니다. 연극배우가 동일하듯이 생명에게도 동일성을 지니는 '아'가 있어서 이번 생에서는 어떤 육체를 쓰고 다음 생에서는 다른 육체를 받는 형식으로 되지 않는다는 말이다.

윤회는 동물의 변태와 유사하다. 알에서 올챙이로, 올챙이에서 개구리로 변화하듯이 사람에서 천신으로, 천신에서 축생으로 변화한다는 것이다. 그것은 세속의 언어를 빌리면 생유-본유-사유-중유-생유의 단계를 반복하는 모습으로 묘사된다. 태어나는 한 찰나의 존재가 생유生有, 사람이나 축생의 모습으로 유지하는 상태가 본유本有, 죽는 한 찰나가 사유死有, 다시 사람이나 축생으로 태어나기까지가 중유中有이다. 이러한 네 가지 사태는 분절되어 있지 않고 그 각각을 이루고 있는 오온이 상속하면서 계속 이어지기 때문에 전후의 (대략적) 동일성이 유지되는 것이다. 사람이라는 본유 속에 있던 무엇이 죽은 뒤 천신, 혹은 축생이라는 본유로 들어가는 것이 아니다. 생유에서 잠깐 사유를 거쳐 중유의 오온으로 넘어갈 때는 탈피한 짐승이 허물을 남겨놓듯이 시신을 세상에 남겨놓는다. 다만 중유를 이루고 있는 색법은 매우 미세하여 보통 사람의 눈에는 보이지 않는다. 이러한 생명 개체의 변화에도 역시 도약은 없다. 본유나 중유 상태에서도 끊임없이 변화가 일어나고 있고 각각의 사이에 명확한 경계선 없이 상속되고 있는 것이다.

조금씩, 그러나 쉬지 않고 변화하다가 한 시기의 수명이 끝나고 다른 생명으로 윤회하게 되는 것은 상속에 있어서 급격한 변화를 맞는 것일 뿐이다. 변증법적으로 말하면 양적인 변화가 조금씩 누적되다가 질적인 비약이 일어나는 것과 비슷하다고 할까. 흐르는 물이 산을 만나 크게 휘돌거나 급경사를 만나 폭포가 되는 것과 마찬가지이다. 윤회는 동일하게 유지되는 '아'가 있어서 이것저것으로 모습을 바꾸는 것이 아니라 개체가 무상하게 변화하는 과정에서 변화의 폭이 크게 나타나는 상황을 맞이함을 가리키는 말이다.

나를 남과 분리하는 경계가 없다

'아'의 두 번째 특징인 '일—'이라는 관점, 즉 다른 사물과 독립되어 있다는 문제는 어떠한가. 나의 신체는 여러 가지로 구성되어 있다. 뼈가 있고 내장기관이 있고 근육과 혈관 등도 있다. 이것을 얇은 피부조직이 둘러싸서 다른 사물과의 경계선을 이루고 있는 것으로 생각된다. 하지만 이러한 생각은 아주 한정된 관찰조건에서만 맞고 엄밀하게 살펴보면 허상임을 알 수 있다.

신체를 보면 입을 통해 항문으로 이어지는 음식의 통로, 즉 비어 있는 공간이 육안으로도 확인된다. 조금 확대하여 관찰하면 피부 전체에 매우 많은 모공이 있는 것을 볼 수 있는데 그 통로로 공기가 드나든다. 이를 피부호흡이라 한다. 더욱 확대하면 신체는 엄청나게 많은 세포로 구성되어 있고 이 세포들을 원자단위로 확대해 본다면 이 입자들은 아주 적은 물질과 그보다 훨씬 많은 빈 공간으로 구성되어 있다. 신체에는 단단하고 알맹이가 있다고 여겨지는 것보다도 공간이 훨씬 많은 것이다.

컴퓨터 모니터에 나타나는 화면이나 인쇄된 출력물에는 멋진 사람이나 자연의 모습이 실물과 똑같게 구현된다. 그런데 이 그림은 부드럽게 이어지는 선이 아니고 점으로 이루어져 있다. 해상도를 dpi 혹은 ppi라고 하는 것은 점을 말하는 닷dot, 혹은 픽셀pixel이 사방 1인치에 얼마나 들어 있는가를 뜻한다. 그림을 크게 확대하여 그것이 단순히 점들의 모임이고 점들 사이에 많은 공간이 있다는 것을 알았을 때, 사람들은 비로소 그것이 허상이라는 느낌을 갖는다. 세상의 모든 사물이나 나와 남들도 사실 이러한 입자들로 이루어져 있다. 만물은 점과 같은 미세한 입자들이 3D로 구현된 집합체이다. 그 사이에는 입자보다 훨씬 큰 공간들이 있다. 우리의 신체를 엄청나게 크게, 예를 들어 키를 1천만 킬

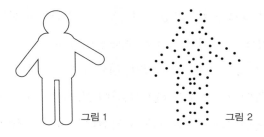

그림 1   그림 2

로미터 정도로 확대하여 원자 단위가 그대로 육안으로 나
타나는 것으로 표현해 본다면 어떠한 모습으로 나타날까.
부연 안개처럼 보이지 않을까?

　일상적인 육안으로 하나의 개체로서 사람을 바라본다면
〈그림1〉과 같이 외부와 분리되는 이어진 선을 갖고 있는
것으로 보인다. 그러나 육안으로 '보이는' 것이 사실을 그대
로 반영하지는 않는다. 사실은 〈그림2〉처럼 그것이 작은
입자로 구성되어 있고 그 입자 사이에는 입자보다 훨씬 많
은 분량의 공간이 있다고 보는 것이 더 사실에 가깝지 않을
까. 이 그림에서는 입자가 있음을 보이기 위해 이를 지나치
게 크게 묘사하였지만 이 구성 입자를 본래 크기로 본다면
거의 텅 비어 있는 모습이라고 해도 좋을 것이다.

옛날 불교에서는 고성능 관측도구가 없었어도 선정을 통해 심안으로 관찰한 신체의 구조를 이와 유사하게 보고 있었다. 선정을 수행하여 마음을 강력하게 집중하면 점차 마음이 깊어지면서 초선부터 제4선에 이르는데 이 뒤에 이어지는 공처정空處定에 들어갈 때 자신의 신체를 관찰하는 것에 대해 다음과 같이 묘사하고 있다.

일심으로 자신의 몸을 자세히 관찰하면 모공과 구공九孔 등 몸 안의 일체 공대空大는 모두 비고 트여서 마치 얇은 비단처럼 안팎이 서로 통한다. 또한 파초와 같이 겹겹이 싸여 알맹이가 없다. … 그 몸은 마치 체나 시루와 같고 거미줄과도 같다. 이렇듯 계속 관찰하면 몸이 점차 미세해지다가 마침내 다 사라진다「차제선문」.

우리 몸에는 얼굴에 일곱 개, 하체에 배설기관 두 개, 도합 아홉 개의 큰 구멍이 있고 피부에는 수없이 많은 모공이 있다. 선정을 통해 관찰하면 이러한 것이 선명하게 보일 뿐 아니라 점점 확대되어 구멍이 숭숭 뚫린 체나 떡 찌는 시루, 혹은 거미줄처럼 되어 있는 신체를 볼 수 있다는 것이다. 마치 신체를 관찰하면서 점차 고배율의 현미경으로 바꾸어 크게 확대해서 보는 것과 유사한 묘사이다. 선정에 들어가서 눈을 감고 있는데 어떻게 자신의 육신이 이토록 선명하게 보이는지 그 메커니즘은 불분명하더라도 고배율 현미경으로 보는 실제 신체의 모습과 참으로 흡사하다는 점에서 이러한 선정현상을 부정할 근거는 없다. 어쨌거나 나의 신체가 이렇듯 무수히 많은 구멍 내지는 공간으로 이루어져 있어서 막힌 피부로 덮여 있는 폐곡선이 아니라 개곡선과 같은 존재라면 남의 신체, 혹은 바깥의 다른 사물과 구분할 경계가 사라지게 되는 것은 분명하다.

그런데 이 작은 입자들조차 계속 분할하다 보면 어느 순간 사라져 허공이 되어 버리는 신기루 같은 존재라는 것이 불교의 기본 입장이라고 앞에서 설명한 바 있다. 앞의 인용문에서 "파초와 같이 알맹이가 없다"는 것이 이를 표현하는 말이다. 즉, 이 입자들은 수학에서 점의 정의처럼 크기를 갖지 않고 위치만 갖는, 실재하지 않는 것이다. 크기나 질량이 없는 점들이 무한하게 모여서 단단하다고 여겨지는 온갖 사물을 만들어 내는 이 세계는 참으로 오묘하다. 허공이 모여서 단단한 물질로 되는 세계는 색이 곧 공에 상 즉해 있고 공이 색에 상즉해 있다는 『반야심경』 구절을 생 각나게 한다. 이러한 관점에서 보면 나와 남, 이 사물과 저 사물은 본질적으로는 단단한 장벽으로 서로 구별되는 것이 아니라 허공에 그려 놓은 선과 같은 것으로 분별되는 것이 다. 그 선은 넓이를 갖지 않는, 실재하지 않는 것이다. 그러 므로 '나'는 외부 세계와 단절되어 있는 존재가 아니라 열려 있는 존재이다.

'나'의 경계를 정할 수 없는 것과 관련한 재미있는 이야기 가 있다. 어떤 사람이 무엇이든 소원을 들어주는 지니가 살 고 있는 요술램프를 얻었다. 램프를 문질러 지니를 불러내 고는 "나를 투명인간으로 만들어 달라"고 청했다. 지니는 한참을 머뭇거리더니 물었다. "옷도 투명하게 합니까?" 그 렇다고 했더니 "내장 속에 들어 있는 벌레들도 투명하게 만 듭니까?" 하고 또 물었다. 벌레가 '나'라고 생각되지는 않지 만 그것도 보이면 안 될 듯하여 그렇다고 했더니 "콧속에 들어 있는 콧물은요?", "피부에 붙어 있는 머리카락은요?"

하고 물었다. 이렇게 대변, 소변, 눈물, 귀지, 눈꼽 등을 계속 묻자 그는 "나에게 붙어 있는 것은 다 투명하게 해 달라"고 하였다. 다시 지니가 물었다. "땅도 투명하게 해야 합니까?", "당신이 손을 대는 물건도 투명하게 해야 합니까?" 결국 그는 투명인간이 될 수 없었다. 애매하다. 모호하기 이를 데 없다. 나와 나 아닌 것, 나와 세계를 명확하게 분리하는 것은 입자 크기로 확대해서 보지 않는다 해도 이처럼 가능하지 않은 일임을 알 수 있다.

불교에서는 인간을 구성하는 물질을 뼈·살·피·심장 등 36물이라고 하는데 이 가운데 눈물, 침, 땀, 대변, 소변 등을 '나'라고 생각하는 이들은 별로 없을 것이다. 대개 이것들은 내가 아니라 '나의 것'이라고 생각할 것이다. 하지만 신체 구성물을 보면 나와 내 것은 명확히 구별되지 않는다. 구별되지 않는 것은 분리할 경계가 없다는 것이 근본 이유이다. '내 것'을 한문으로 '나의 소속'이라는 의미로 아소我所라고 하는데 불교에서는 아는 물론 아소도 없다 한다. 아를 정의할 수 없으면 아소도 없을 수밖에 없다. 『잡아함』「포말경泡沫經」에서 석존은 다음과 같이 게송으로 설하고 있다.

색을 관찰해보면 거품과 같고 / 수는 물방울 같네 / 상은 봄의 아지랑이 같고 / 행은 파초와 같으며 / 식은 환영幻影과 같아 … 알맹이實가 없어 견고하지 않아서 / 아도 없고 아소도 없네.

사람뿐 아니라 모든 사물도 많은 공간을 속에 함유하고 있고 다른 사물들과 구분할 명확한 경계가 없다. 그러므로 보통 사물을 구성하고 있는 입자보다 훨씬 작은 입자로 구성된 사물이 있다면 사물을 통과하는 물질도 이론적으로는 가능하다. 하나의 생명체가 죽어서 다음 생명을 받기까지의 존재를 불교에서는 중유中有, 혹은 중음中陰 등으로 부른다. 이 중유는 색법으로 이루어진 존재여서 크기나 모양도 있고 서로 간에 볼 수 있지만 우리 인간의 육안으로는 확인할 수 없고 벽이나 사람과 같은 다른 사물들을 그냥 통과할 수도 있다고 한다. 그 이유는 중유가 지극히 미세한 색으로 이루어져 있기 때문이라고 한다「구사론」, 「분별세품」. 그렇다면 현미경을 통해 미립자를 관찰할 수 있듯이 중유라는 존재도 제자리에 가만히 있기만 한다면 볼 수 있을 것이다. 물질을 나노 크기로 분할하는 기술이 나오고 있는 지금, 이 기술을 조금 더 발전시키면 이런 통과 물질을 만들어내는 것도 시간문제가 아닐까.

앞서 『반야심경』에서 '모든 것이 없다'고 하면서 보편자뿐 아니라 개별자도 없다고 하였다. 그 이유 가운데 중요한 한 가지가 모든 사물 사이에 경계가 없기 때문이라고 하였다. 예를 들어 생물과 무생물 사이에, 식물과 동물 사이에, 종과 종 사이에, 산과 들 사이에는 간격이 없다. 유글레나는 엽록소로 광합성을 하는 식물적 특징과, 입이나 수축포를 가지고 자유롭게 움직이는 동물적 특징을 함께 가지고 있는 생물이다. 산호는 강장동물로 분류하지만 이동 능력이 없고 광물처럼 보석으로 활용된다. 박테리아는 생물과 무생물의 중간 어디쯤에 놓여 있다. 그뿐만 아니라 이러한 보편자적 분류에 속하는 특정한 개별자로서 이 사물과 저 사물을 구별 짓는 경계 역시 엄밀하게 말하면 없다. 다른 것과 분리되어 있는 단독의 '일자—者'가 없고 나와 남이 구별되는 장벽이 없어서 전체가 하나로 이어져 있는 모습이 세계의 진짜 모습이다.

내 뜻대로 다스릴 수 없는 나

　마지막으로 '아'를 정의하는 세 번째 기준으로서 주재성主
宰性에 대해 생각해 보자. 주재성이란 자유의지로 작동시킬
수 있는 성질, 쉽게 말하면 다른 것의 지시를 받지 않고 '주
인'처럼 스스로 작용할 수 있는 성질을 말한다. 영육이원론
에서는 영혼이 주인이고 육체는 주인의 부림을 받는 존재
이다. 심신이원론에서는 영혼 자리에 마음이 들어가 육신
은 마음의 부림을 받는다고 생각하는 경향이 있다. 이때 주
인은 '아'라 하고 주인의 부림을 받는 것은 '아소'라고 한다.
그런데 신이나 운명과 같은 제3의 존재가 있어서 심신을
모두 부린다면 나의 몸과 마음은 모두 '아'도 아니고 '아소'

도 아닌 것이 된다. 그러나 오온 외에 제3의 존재는 없다는 것이 불교의 기본적인 전제이므로 신과 같은 존재는 이 논의에서 논리적으로도 실제적으로도 배제되어야 한다.

앞의 게송에서 보듯이 아함부 경전에서는 색·수·상·행·식 각각에 대해서 고찰하여 아와 아소가 있는지를 분석한다. 예를 들어 색이 아이면 수·상·행·식은 아소가 되고, 식이 아이면 색·수·상·행이 아소가 된다. 상일성의 측면에서 볼 때 아는 본질적 부분, 아소는 비본질적 부분이라 할 수 있다. 그런데 주재성을 논할 때는 아는 주인, 아소는 주인의 명령을 받는 부분이라고 설명할 수 있다. 오온 가운데 '주인' 노릇을 할 수 있는 것, 즉 스스로의 의지를 발할 수 있는 것이 있는가, 그리고 그 주인을 제외한 나머지 사온 가운데 주인의 명령대로 움직이는 것이 있는가. 주인이 되었건 주인의 명령대로 움직이는 존재가 되었건 '스스로의 의지'로 동작하는 결과는 마찬가지이기 때문에 주재성을 논할 때 아와 아소는 별 차이가 없다. 논의의 편의상 앞과 마찬가지로 색은 육체, 수·상·행·식은 마음으로 묶어서 살펴보자.

보통 자신의 육신을 지칭할 때 '나의 팔', '나의 머리'라고 한다. 사실 여기서 '나'라고 하는 것은 매우 모호하지만 일단 지금 움직이고 생각하며 피부로 외부와 경계선을 갖고 있는 것으로 보이는 '이것'을 가리키는 대명사로 사용한다고 생각하자. 나의 육신은 스스로의 의지대로 운용할 수 있는가. 팔에 마비가 오면 흔히 "내 팔 같지 않아"라고 말하듯이 '나' 혹은 '나의 것'이라고 하면 내 의지대로 움직일 수 있어야 한다. 가고 싶으면 가고, 먹고 싶으면 먹고, 졸리면 자니까 이 육신은 자체가 나, 혹은 마음이든 영혼이든 뇌이든 나의 주인이 되는 것의 소유라고 생각하기 쉽다. 하지만 근본적인 부분에서 육신은 나의 의지와 별개로 움직인다. 심장이나 위장이 내 뜻대로 움직이는가? 설사 이것을 내 뜻대로 움직인다 해도 태어나고 늙고 병들고 죽는 것은 내 의지와 관계가 없지 않은가? 우리의 몸은 끊임없이 새로운 세포가 생겨난다고 하였다. 기계에 비유하면 계속 부품을 바꾸는 것과 같다. 하지만 어느 순간 세포의 대사는 둔화되고 노년기가 찾아온다. 생명이 일정한 수명을 산 뒤에 심장박동과 호흡이 중지되고 죽음을 맞는 것은 현대 과학에서도 정확한 이유를 찾지 못하고 있는 최대의 숙제이다.

육신을 움직이는 자유가 어느 정도는 허용되지만 생로병사라는 근본 문제에 맞닥뜨리면 의지와 관계없이 이루어지는 것이 분명한 현실이다. 이는 내 집과 셋집에 비유할수 있다. 어느 집이 그 사람의 소유이냐 아니냐 하는 문제를 쉽게 가를 수 있는 방법은 그 집에 사는 사람이 그 집을부수거나 팔 수 있느냐를 보면 된다. 그것이 가능하면 '자가주택'이고 벽지나 페인트칠 정도 바꿀 수 있는 자유를 누린다면 '셋집'이다. 행주좌와行住坐臥 정도의 자유만 누리고생로병사라는 큰 문제를 뜻대로 할 수 없는 이 육신은 '내것'이라고 하기보다는 잠시 빌린 셋집과 같은 것이라 해야한다.

그렇다면 마음은 어떤가? 사실 육신이 뜻대로 움직이지않는 것을 "내 마음대로 움직이지 않는다"고 표현하는 속에는 은연중 마음을 주인, 즉 '아'라고 보는 관념이 들어 있다. 하지만 마음은 스스로의 의지대로 움직이지 않는다. 아무리 오랜 세월을 살고 온갖 풍파를 다 겪은 지혜로운 노인이라 해도 때때로 일어나는 욕심이나 한스러운 마음을 뜻대로 통제하기는 어렵다. 원하는 대로 되지 않으면 '나도 모르게' 화를 내는 것이 인지상정이고 아름다운 물건을 보면 '무심코' 눈길이 가는 것이 보통이다. 일상생활을 하면서 자신이 무슨 생각을 하는지 유심히 들여다보라. 일에 몰두하다가도 잠깐 앞에 놓여 있는 화분을 보고 "물을 주어야지" 하고 생각하기도 하고, 불현듯 노래나 어릴 때 일이 떠오르기도 하고, 내일 닥칠 일을 걱정하기도 한다. 어떤 대상을 보거나 들으면 파블로프의 개처럼 조건반사적으로 관련되는 일이 연상된다. 이렇듯 생각은 스스로 '일으키는' 경우도 있으나 대부분은 내 의지와 관계없이 '일어난다.'

육신은 매일 변하여 늙어가기는 하여도 적어도 죽음을 맞아 다른 생을 받기 이전에는 '인간' 혹은 '한국인'이라는 부류 안에 들어간다. 그리고 변화의 과정이 매우 미세하고 천천히 이루어져 오랜 시간 떨어져 있다가 보는 사람이 아니고서는 자주 보는 자신이나 가까운 사람은 그 변화를 감지하기가 힘들다. 이에 비해 마음은 시시각각 눈의 대상과 코, 귀, 입의 대상 등을 전전하고 과거와 미래를 오가다가 때로는 지옥계의 마음도 일으키고 때로는 천상계의 마음도 일으키며 때로는 축생과 똑같은 마음을 내기도 한다. 인면수심人面獸心이란 이를 두고 하는 말이다. 이렇게 마음의 변화가 심한 것은 스스로 주재하지 못하기 때문이다.

앞서 불교에서는 고통을 내가 원하는 것과 어긋나는 상황을 맞을 때 느끼는 것이라고 정의한다고 하였다. 그러므로 맛없는 음식을 먹거나 사지를 절단할지라도 그것이 뒤에 찾아올 즐거움을 위해 자유의지로 선택한 것이라면 고통이 아니고, 반대로 맛있(다고 생각되)는 것을 먹거나 몸이 편안할지라도 내가 원하는 바가 아니면 즐거움이 아니라고도 하였다. 몸과 마음이 내 뜻과 어긋나서 고통을 느끼는 한, 그리하여 그와 반대의 상황이 되기를 바라는 마음이 있다면 적어도 그 몸과 마음은 나의 것이라고 하기 어렵다. 이러한 사정을 『잡아함』「비아경非我經」에서는 다음과 같이 설한다.

색色은 아我가 아니다. 만일 색이 아라면 색에 병고病苦가 생기지 않을 것이다. 또한 색에 대해 "이와 같이 되었으면 …", "이와 같이 되지 않았으면 …" 하고 바라지 않을 것이다. 하지만 색에는 아가 없기 때문에 색에 병이 있고 고통이 생기는 것이고 또한 색에 대해 "이와 같이 되었으면 …", "이와 같이 되지 않았으면 …" 하고 바라는 것이다. (수·상·행·식도 이와 같이 설하였다.)

나의 몸과 마음은 시간적으로 볼 때 앞과 뒤의 동일성이 없고 공간적으로는 다른 사물과 명확하게 분리되지 않으며 자유의지로 움직이는 것에 한계가 있다. 그렇다고 몸과 마음을 내 것으로 부리는 영혼이나 신과 같은 제3의 존재도 없다. 이러한 특징을 상일성常一性과 주재성主宰性이 없다 하고 무아無我라 하며 아공我空이라고 한다. 그렇지만 범부 중생들은 "내가 나의 주인"이라고 생각하고 "나와 남은 별개"라고 여긴다. 이는 깨달은 성인이 아니라면 누구나 태어날 때부터 갖는 일반적이고 보편적인 사고이다. 이렇게 생각하게 되는 데에는 까닭이 있다.

자신의 의지와 무관하게 전개되는 꿈을 연구하여 정신의 영역을 셋으로 구분한 프로이트S. Freud는 인간의 심리를 이해할 때 표면에 나타나는 의식보다는 그 저변에서 드러나지 않게 활동하는 무의식을 주목해야 함을 주장하였다. 독일어로 에스Es, 라틴어로 이드Id라고 하는 '그것'과 어느 정도 유사성을 보이는 불교의 의식 영역이 제7 말나식과 제8 아뢰야식이다. 이 중 말나식은 깊은 잠에 빠지거나 혼절하였을 때는 작동하지 않는 전前 6의식과 달리 깨달은 성인이 아니면 항상 자신도 모르게 작동을 한다. 여기에서 작용하는 번뇌는 아치·아견·아만·아애이다. 이것은 프로이트가 말한 에고Ego와 이름은 비슷하지만 성격은 이드에서 작용하는 리비도에 가깝다. 아치我癡란 무아의 도리를 모르는 무지이고 아견我見이란 육신이나 마음, 혹은 제3의 영혼과 같은 것이 '나'라고 보는 견해이다. 아만我慢과 아애我愛는 각각 자만심과 자기에 대한 애착이다. 아상 내지 수자상은 이러한 말나식이 작용하고 있을 때 생긴다. 말나식은 아라한위에서는 완전히 끊어지고 견도위, 즉 수다원과에 오르거나 멸진정에 들면 완전히 끊어지지는 않아도 더 이상 작용을 하지 않게 된다.

이 정도의 이해가 되었다면 아상 내지 수자상을 한문 식으로 풀이해도 아주 이상하지는 않다. 한문의 용례로 보면 아我란 '나', 인人은 아와 상대되어 쓰일 때는 '남', 중생衆生이 란 '범부들', 수자壽者란 '나이 든 이' 정도의 뜻으로 이해하는 것이 일반적이다. 불교에서 '중생'은 크게 두 가지 의미로 사용되는데 첫 번째는 정식情識이 살아 있는 생명체라는 뜻 으로, 이러한 용법으로 사용할 때는 보살이나 붓다도 여기 에 포함된다. 두 번째는 성현聖賢에 상대되는 개념으로 삼 계육도에서 윤회하는 범부중생을 가리킨다. 그렇다면 "아 상 내지 수자상이 있으면 보살이 아니다"라고 하는 언급 은 '나'니 '남'이니 하는 분별이 있거나 "저 사람은 (어리석은 범부) 중생이고 나는 나이 든 (지혜로운) 사람"이라고 자만하 는 마음이 있다면 진정한 보살이 아니라고 이해해도 실천 적으로는 본래 의미에서 크게 벗어나지 않는다. 요즘 불교 계에서 일상적으로 쓰이는 '아상'이라는 용어는 교만한 마 음, 자만심 정도의 의미로 사용되는 경우가 많지만 그 의미 를 조금 더 넓혀서 '아상이 없다'는 것을 '아와 타의 구별을 하지 않는 것'으로 이해하고 사용한다면 이 경전에서 말하 는 아상 내지 수자상이 없다는 것과 똑같은 의미가 될 것이 다. 내가 없으면 남이 없고 나와 남의 구별이 없다면 누가 잘났다거나 더 귀하다거나 하는 의식이 설 자리를 잃게 되기 때문이다.

공을 깨달아 진여를 본다는 것은 무분별의 세계를 보는 것이다. 말나식이 작용하지 않아서 나와 남이 분별되지 않고 중생과 성현 사이에 경계가 없음을 깨달았을 때 무량한 중생을 구제하겠다는 서원이 진정으로 일어나면서도 "내가 중생을 제도한다"는 견해도 생기지 않게 된다. 바로 이 것이 아상 내지 수자상이 없는 보살이다. 그렇다면 "여래가 중생을 제도한다는 생각을 하면 여래에게 아상 내지 수자상이 있는 것", "여래가 범부라고 설하는 것은 이름만 범부"라는 25장 「화무소화분化無所化分」의 구절도 쉽게 수긍이 갈 것이다.

마지막으로 이 구절에서 한 가지 더 생각해 볼 문제가 있다. '아'라고 하는 것은 존재하는 하나의 개체로서 '법'의 측면과, 자유롭게 의식하고 활동하는 주체로서 '(주재)아'의 두 가지 측면을 갖는다. 상일성이 없다고 할 때는 전자의 측면에서 살핀 것으로 법공이라 하고, 주재성이 없다 할 때는 후자의 측면을 강조한 것으로 이때는 아공이라고 부르기도 한다. 무아라는 것은 두 가지 차원의 의미를 갖는 것이다. 그런데 무아를 체득한 보살은 오히려 주재성이 생긴다. 아상 내지 수자상이 없다는 것은 제7 말나식이 작용하지 않는다는 것이고, 말나식이 작용하지 않는다는 것은 무의식이 나를 지배하지 않는다는 의미이다. 조금 전문적이지만 보살은 업에 따라 의지와 관계없이 다음 생을 받는 분단생사를 되풀이하지 않고 자신의 원願에 따라 생을 받는 변역생사를 이어가며 중생을 제도한다고 한다. 마음은 물론 다음 생에 받을 육체까지 자유롭게 선택한다는 점에서는 '무아'가 아닌 것이다. 여기서의 아란 주재성을 갖는다는 의미이다. 무아의 도리를 보아 아상이 없어지면 거꾸로 주재성을 갖는 '아'가 생기는 역설이다. 선가禪家에서 즐겨 쓰는 용어로서 '가는 곳마다 주인이 된다隨處作主'는 것은 자신을 본능이나 무의식, 운명 등에 맡겨두지 않고 스스로 살피고 통제하는 삶을 사는 '주재아'의 확립을 강조하는 말이다.

내가 나에게 베푸는 것도 보시인가

앞서 보살은 두 종류가 있다고 하였다. 아뇩다라삼먁삼
보리를 얻고자 하는 마음을 진정으로 일으킨, 성불하고자
발심한 보살은 진실보살이라 하고 아직 이 정도 견고한 서
원을 세우지는 못하였어도 대승의 가르침을 믿고 조금씩
실천하고자 하는 이들은 가명보살, 혹은 명자名字보살이라
고 한다. 이 경에서 아상 내지 수자상이 있으면 보살이 아
니라고 하는 것은 진실보살이 아니라는 의미이다. 그러므
로 이 경전은 기본적으로 진실보살의 실천도를 설하는 것
이다. 그 실천도, 즉 보살도의 첫 번째는 육바라밀에 의거
하면 보시이다. 「묘행무주분」 제4에서 세존은 수보리에게

진정한 보살이 보시를 어떻게 행해야 하는지를 다음과 같이 설하고 있다.

보살은 법에 머물지 않고 보시를 행해야 한다. 즉, 색에 머물지 않고 보시하며 성향미촉법에 머물지 않고 보시해야 한다.

법에 머물지 않고 보시를 행하라고 하면서 구체적인 법으로 색·성·향·미·촉·법의 육경을 예시하였다. 색경 내지 촉경은 오온 가운데 색온에 포함되는 법들이고 법경은 정신적인 것이다. 여기서 머물지 않아야 할 '법'이란 존재의 구성요소로서 다르마를 가리키는 것임을 알 수 있다. 그런데 일체 존재는 이러한 다르마들의 집합체이므로 그냥 눈에 보이고 귀에 들리는 존재로 이해해도 큰 차이가 없다. 색 내지 법에 머물지 않는 보시란 어떤 것일까?

보시는 보통 음식이나 의복, 의약 등을 베풀어주는 재보시가 있고 진리를 전해주는 법보시, 두려움을 없애주는 무외시無畏施가 있다고 설명된다. 법보시나 무외시는 차원이 높은 것이므로 차치하고 재보시를 생각해 보자. 상대방의 외모나 지위를 보고, 혹은 보시물의 품질이나 가격을 헤아려서, 혹은 자신이 받을 육체적·물질적 보상을 생각하고 하는 보시는 색 내지 촉에 머물러 행하는 보시이다. 보시를 통해 자신의 사회적 기여를 과시하고 명예를 얻으려 하는 것은 법경에 머물러 행하는 보시이다. '머문다住'는 것은 생각이 머무는 것이다. 예를 들어 앞에 있는 수십 명의 사람들을 주욱 둘러볼 때, 그 가운데 내가 좋아하는 사람이나 미워하는 사람이 있다면 잠시라도 눈길이 머물게 된다. 라디오에서 음악이 흘러나올 때 내가 좋아하거나 싫어하는 음악이면 "저 음악은 뭐지" 하고 그 음악에 생각이 머물게 된다. 생각이 머무는 것은 좋아하고 싫어하는 분별심이 있을 때 일어나는 현상이다. 분별심은 특징, 혹은 생각으로서 '상'이 있을 때 생긴다. 그러므로 경전에서는 색 내지 법에 머물지 않는 보시를 '상에 머물지 않는不住相 보시' 혹은 '상에 머묾이 없는無住相 보시'라고도 표현하는데 일반적으로는 후자를 택하여 '무주상보시'라는 용어가 많이 사용된다.

분별이 일어나는 내용이나 대상은 매우 많지만 이를 법

으로 요약하면 육경이 되기 때문에 색 내지 법에 머물지 않는 보시라고 설하고 있다. 앞의 법은 요소로서 다르마를 뜻하고 뒤의 법은 이 가운데 일부인 법경을 가리킨다. 이를 다시 일상적으로 감각되는 대상으로 말하면 보시를 행하는 주체인 나, 보시를 받는 대상, 그리고 보시하는 물건의 세 가지가 된다. 육경에 머물지 않는다는 것은 이 세 가지에 대해 좋고 나쁘다는 분별이나 바라는 마음이 없다는 것과 같다. 이렇게 시자施者와 수자受者, 그리고 시물施物에 대해 분별심 없이 이루어지는 보시를 삼륜청정三輪淸淨의 보시라고 한다. 다시 말하면 보시를 할 때 주는 이와 받는 이, 그리고 주는 물건 세 가지 대상에 대해 물질적으로나 정신적으로 분별하지 않고 기대하는 마음이 없는 것이 무주상보시이고 삼륜청정 보시가 되는 것이다.

어째서 이러한 보시를 행해야 하는가? 보시를 행하는 근본 원인은 자비심에 있다. 주지하다시피 자심慈心이란 즐거움을 주려는 마음이고 비심悲心이란 고통당하는 모습을 보고 그 고통을 없애주고자 하는 마음이다. 좋은 것을 주어 기쁘게 하고 싶어서 행하는 보시는 자심의 발로이고 가난하고 소외된 이의 고통이 불쌍해서 나누어주는 보시는 비심의 발로이다. 그런데 이러한 자비심은 크게 생연자비, 법연자비, 무연자비의 세 가지 차원이 있다고 『대지도론』이나 『유가사지론』 등은 해설하고 있다.

첫 번째 생연자비生緣慈悲란 중생이 인연이 되어 행하는 자비이다. 미래에 빈곤한 과보를 받지 않기 위해, 혹은 인색하고 탐내는 마음을 없애기 위해 하는 보시는 자신을 위한 것이다. 가까운 사람에게 재물을 베풀어 기쁘게 하려는 것이나 고통을 보고 가련한 마음에 재물을 베푸는 것은 그 '가까운 사람'이 원인이 되어 자비심으로 보시를 행한 것이다. 이 두 가지는 명확히 분별되는 것은 아니지만 모두 '중생'이 원인이 되어 보시를 행한다는 점에서 같은 차원이다. 생연자비의 극치는 부모가 자식에게 행하는 사랑이다. 부모가 자식에게 음식을 주고 옷을 챙겨주고 때로는 엄한 벌을 가하는 것은 모두 깊은 자비심의 발로이다. 자식이 잘나고 못난 것, 잘하고 못하는 것을 가리지 않고 자라서 은혜를 갚기를 바라지 않는다는 점에서 무주상보시에 가깝다. 이러한 자비심은 자식이 남이 아니고 내가 낳은 나의 분신과 같은 존재이기 때문에 일어나는 것이다. 그러나 자식의 자존감이 점차 성장하여 부모의 뜻을 거역하고 나아가 배반감마저 느껴질 정도로 남처럼 반응한다면 그 자비심은 한결 약해지고 때로는 미움으로 변하기도 한다. 자식이 나의 것이 아니고 독립된 개체임을 확인할 때 무주상보시에 가까운 베풂은 이루어지기 힘들다. 그러므로 가장 변하기 쉬운 낮은 깊이의 자비이다.

두 번째로 법연자비法緣慈悲란 법을 인연으로 자비심이 일어난 것을 말한다. 이때의 법이란 '진리'라는 의미의 법이다. 어떤 진리를 말하는가. 바로 진여의 법, 공의 이치를 말한다. 내가 의지하고 집착하고 있는 '나'는 시간적으로 계속 변화하여 정체성이 모호하고 공간적으로 세계와 분리될 수 없고 자유의지로 부릴 수 없다. 나는 남과 분리되지 않고 동식물과 분리되지 않고 세계와 떨어져 있는 독립된 개체가 아니라는 것이 세계의 참된 모습이고 진리이다. 나와 남, 나와 세계가 분리될 수 없는 것을 이 경전에서는 '일합상—合相'이라고 표현한다. 세계는 경계가 없는 하나의 모습이라는 것이다. 이러한 진리를 깨달은 보살이라면 아상이나 인상, 중생상이나 수자상 등이 있을 수 없고 남이라는 생각이나 분별심 없이 자비심을 일으킬 수 있으며 상에 걸리지 않는 보시를 행할 수 있다. 동체대비同體大悲라고 하듯이 마치 내가 나에게 베푸는 것과 같다. 내가 내 몸의 병을 고치기 위해 내 입에 약을 먹이는 것을 자비라 할 수 있는가. 새로 구두를 사서 내 발에 신으면서 발에 보시한다고 할 수 있는가. 앞서 부모가 자식에게 베풀어주는 예를 들었는데 사실 일반적으로 이것은 보시라고 부르지 않는다. 왜냐하면 자식은 '남'이 아니기 때문이다. 내가 내 가족에게 베푸는 것은 보시라고 하지 않듯이 내가 나에게 베푸는 것은 더욱더 보시라 말하기 어렵다. 그러므로 보시를 행하면서도 보시라는 생각을 전혀 일으키지 않게 된다. 이러한 것을 『천수경』에서는 "무위심 속에서 비심을 일으킨다無爲心內起悲心"고 표현한다. 자신이 자신에게 베풀 때는 무슨 대단한 결심을 하지 않듯이 공이라는 법을 깨달아 중생과 내가 하나라는 것을 알게 된다면 작위 없이 자연히 마음이 일어난다. 보살의 행이란 부모가 자식에게 행하는 생연자비가 모든 중생에게 확대된 것과도 같다. 일체 중생에 대해 남이라는 생각이 없어서, 베풀어 주면서도 "보시를 한다"는 생각 없이 보시행이 자연히 이루어지는 것이다.

무주상보시는 세계는 하나라는 법에 기초한 자비로 일어난 것이고 무위심으로 행하는 것이므로 그 보시는 한 개체, 소수의 집단에게 하는 것이 아니라 세계 전체를 향한 것이 된다. 또한 행마다 보시행이 되어 보시가 다하는 때가 없게 된다. 다시 말해서 공의 마음으로 보시를 하는 것은 공의 실상에 부합하는 것이며 공의 실상은 한계가 없다. 그러므로 무주상보시의 공덕 역시 무량하게 된다. 세계가 무한하고 행도 무한하기 때문이다. 그러므로 이 단락에서 세존은 "무주상보시를 행한 복덕은 생각으로 헤아릴 수 없다"고 설한다.

이 경전에서 일합상이라고 표현하고 있는 '세계가 하나'라는 생각은 『금강경』만의 사고가 아니고 불교 전체의 기본적 전제이다. 일반적으로는 '무아' 혹은 '공'으로 설명하는 것에 이러한 의미가 담겨 있고 『화엄경』에서 우주를 하나의 커다란 연꽃처럼 묘사하는 것도 이러한 사고가 반영된 것이다. 1960년대에 제기된 제프리 츄의 구두끈bootstrap

이론은 기본 입자가 없고 세계가 하나로 이어져 있다는 불교적 사고에서 영감을 받은 것이라고 보는 이가 있고, 에드워드 로렌츠가 기상변화를 관측하면서 생각해 낸 나비효과butterfly effect도 이와 유사한 사고가 반영된 것이라 할 수 있다.

마지막으로 무연자비無緣慈悲란 아무런 인연 없이 저절로 발해지는 자비이다. 중생에 대한 사랑이나 연민, 진리 체득을 통해 생긴 자비의 자각과 같은 인연이 없이 저절로 우러나오는 자비이다. 존재 자체가 자비이니 자비를 일으켜야 한다는 작위作爲도 없고 내가 자비롭다는 자각도 없다. 자비의 대상은 일체의 중생이며 그들에 대해 조금이라도 차별하고 분별하는 마음이 없다. 중생은 오온이 화합하여 된 것이므로 자성自性이 없으며, 생기거나 멸하는 것도, 늘거나 주는 것도 아니라는 진리를 체득하였을 뿐 아니라 이러한 상대적 견해조차 없이 본래 고요하고 적정한 절대의 경지에서 우러나는 자비인 것이다. 비유한다면 악인이나 선인의 구분 없이 골고루 비추어주는 태양이나, 독초나 약초의 분별없이 골고루 적셔주는 단비와 같은 존재가 베풀어 주는 은덕이라고 할까? 이를 대자대비라고 하니 합쳐서 무연대자대비라고 부른다. 이는 온갖 차별된 견해를 여읜 절대평등의 경지에서 가능하다.

논서의 설명에 따르면 첫 번째 자비는 자신의 깨달음을 위한 소승의 자비로서 소자소비라 하고 두 번째 자비는 공이라는 법을 깨닫고 중생제도를 통해 무상보리를 얻으려는 보살의 자비이다. 바로 이 『금강경』에서 설하는 무주상보시를 행하는 보살의 자비로서 이를 중자중비라고 한다. 이 자비는 생연자비의 최고 경지라 할 사랑하는 자식에 대한 부모의 무조건적 자비가 많은 중생으로 확장된 것이다. 부모의 무조건적 사랑은 '남'이 아닌 자식에게만 미치지만 보살의 자비는 '남'이 없으므로 중생 모두에게 미친다. 마지막은 붓다의 자비로서 대상이 무한하게 확장된 대자대비라고 하니 이는 보살이 목표로 삼아 나아가야 할 최고의 경지가 된다.

이 구절에서는 보살의 행으로서 보시만을 이야기하고 있지만 사실 이 내용은 육바라밀 전체에 해당한다. 보시뿐 아니라 지계·인욕·선정·정진·반야바라밀 모든 것을 보살은 행해야 하고 이를 행할 때 "내가 계를 지킨다", "저 사람은 계를 안 지키고 있다"는 등 아상 내지 수자상이 없어야 하는 것이다. 14장 「이상적멸분離相寂滅分」에는 아상 없이 인욕바라밀을 행하는 예가 나오고 있다.

붓다는 왜 붓다인가

'진리 그대로 실상을 본다'는 제5 「여리실견분如理實見分」에서 석가세존은 "무릇 모든 모양은 허망하다凡所有相 皆是虛妄"는 유명한 구절을 설하고 있다. 핵심만 옮기면 다음과 같다.

"수보리여 육신의 모양身相으로 여래를 볼 수 있는가?" "볼 수 없습니다. 여래께서 설하는 육신의 모양은 육신의 모양이 아닙니다." "무릇 모든 모양은 허망하다. 모든 모양이 모양이 아님을 볼 때 여래를 볼 수 있다."

이 짤막한 문답은 두 가지 근본적인 문제를 제기하고 있다. 첫 번째는 특정한 모양이나 특징을 말할 때 그 지칭되는 고정된 대상, 즉 형상의 이데아가 없다는 것이고 두 번째는 붓다를 붓다이게 만드는 본질이 무엇인가를 묻는 것이다.

우리는 보통 어떤 사물을 분별할 때 그 사물이 갖고 있는 외형적 모습으로 판단한다. 이것이 사과인지 배인지, 철수인지 영희인지는 대개 그 형태적 특징으로 분별하는 것이다. 그리고 그것만으로 애매하거나 조금 더 세밀한 조건이 필요할 때는 소리, 냄새, 맛, 촉감 등의 기준이 동원되고 그래도 부족하면 오감이 아니라 의식으로 판단해야 할 성질이나 심리 등의 미세한 차이를 살펴야 한다. 이러한 것들, 다른 사물과 분별되게 만드는 특징들을 모두 모양相이라고 부른다. 여기서 말하는 '모양'이란 눈으로 사물을 구별하는 것이 가장 광범위하게 사용되기 때문에 대표로 삼은 것일 뿐 외형적 모습만 가리키는 것은 아니다.

붓다가 갖고 있는 외형적 특징을 말하는 신상身相은 통상 32상相 80종호種好라는 용어로 표현되고 있다. 여기서 말하는 육신의 모양이란 이를 가리키는 것이니 제13 「여법수지분」 후반부에 "32상으로 여래를 볼 수 있느냐?"는 반복되는 질문에서 확인할 수 있다. 32상은 붓다가 가지고 있는 외형적 특징 가운데 현저한 것을 말하고 80종호는 쉽게 구별이 안 되는 미세한 것인데 이를 합쳐서 상호라고 한다. 모두 오감으로 분별할 수 있는 것인데 형태와 색깔처럼 눈으로 구별되는 것도 있고 피부의 감촉이나 목소리 등 눈으로 포착할 수 없는 것도 포함된다. 그런데 여래에게 이 상호들은 사실 있다고도, 없다고도 할 수 없다. 예를 들어 보자.

붓다의 혀는 길고 넓어서 내밀면 온 얼굴을 덮을 수 있다고 한다. 이를 광장설長廣舌이라 하는데 고래로 혀가 길고 넓은 사람은 거짓말을 하지 않는다는 인도의 전설과 관련이 있는 것 같다. 그런데 폭이 어느 정도 되면 넓고 길이가 몇 센티면 길다고 할 수 있을까? 내민 혀의 길이가 50센티미터쯤 된다면 매우 긴 혀라 하겠지만 만일 60센티미터의 혀를 가진 사람이 옆에 있다면 길다고 하지 못한다. 붓다의 피부는 부드럽고 금색이라고 한다. 그런데 그 색은 피부 자체가 갖는 성질이 아니라 특정한 빛과 보는 사람의 시각조건일 때에만 금색이라 불릴 수 있다. 또한 금색 안에도 Metallic gold, Pale gold, Vegas gold, Old gold 등 여러 색으로 나누어지는데 붓다의 금색은 어떤 색에 가까운 것인가? 붓다의 음성은 맑고 깨끗하다고 하여 이를 범성상梵聲相이라 하는데 어느 정도 음색이면 맑고 깨끗한 것인가? 맑은 소리와 탁한 소리 사이에는 경계가 없지 않은가?

앞서 『반야심경』에서 설명하였듯이 색·성·향·미·촉은 보편자로서도 개별자로서도 실재하는 것이 아니다. 긴 것, 금색, 깨끗한 것 등은 사물이 본래 가지고 있는 속성이 아니고 인식주관이 그렇게 판단하는 것일 뿐이다. 사물이 본래 가지고 있는 속성이 정해져 있지 않으므로 이를 공이라고 한다. 붓다는 '길다', '깨끗하다' 등의 표현을 하더라도 그것이 본래 공이어서 잡을 수 있는 실체가 없는 것임을 잘 이해하고 있다. 32상 80종호를 가지고 있다고 하더라도 32상 80종호는 사실상 실체가 있는 것이 아니고 인연이 모여 잠시 나타내는 모습을 그렇게 부르는 것일 뿐이다. 그래서 '모양은 (본래 그러한) 모양이 아니다' 하고 '허망하다'고 표현한다. 하지만 이러한 모습이 있는 여래를 떠나서 모습이 없는 붓다를 따로 구해서도 안 된다. 붓다의 진신은 모양을 가진 화신과 별도로 존재할 수 없다. 그러므로 모양에서 모양이 아님을 보아야 한다. 이러한 상호의 실체를 여실히 알 때 비로소 여래의 본 모습이 보인다.

이 문답이 가지고 있는 두 번째 문제의식은 여래의 본질에 관한 것이다. 머리에 불룩한 육계와 미간의 빛나는 백호, 그리고 금색의 피부와 청아한 범성 등 32상을 가지고 있으면 붓다라고 정의할 수 있는가? 석가모니의 DNA를 구해서 그대로 복제한 인간, 석가모니와 외형상 완전히 똑같은 인간이 출현한다면 우리는 그를 붓다로서 존경하고 의지해야 할 것인가? 물론 아니다. 26장 「법신비상분法身非相分」에서 석존은 "32상으로써 여래라고 볼 수 있는가?" 하고 묻고 "만일 32상으로써 여래라 한다면 전륜성왕도 여래"라고 답한다. 그리고 게송에서 "색으로 나(여래)를 보고 음성으로 나를 구하면 이 사람은 사도邪道를 행하는 것"이라고 단정한다. 본래 32상 80종호는 전 세계를 통일하는 전륜성왕이 갖추고 있는 모습이라고 전해오기 때문에 석존은 이렇게 말하고 있다. 범부 인간으로서 최고의 자리에 오른 이라 할 수 있는 전륜성왕이 갖추고 있는 모습이라면 그 이상인 붓다도 당연히 가지고 있는, 그래서 이 상호는 붓다가 가지고 있는 하나의 특징일 뿐 붓다가 되기 위한 필요조건은 아니다. 다시 말하면 붓다이기 때문에 속제적 의미로서 32상 80종호가 있는 것이지 32상 80종호가 있어서 붓다인 것은 아니라는 것이다.

이와 연관되어 생각해 볼 주변의 문제 하나를 짚고 넘어가자. 사주나 관상을 믿는가? 아니면 미신으로 치부해 버리는가. 사주나 관상에 따라 운명이 정해진다는 것은 어리석은 생각이다. 하지만 반대로 사주나 관상은 전혀 믿을 것이 못 된다는 생각 역시 어리석다. 사주나 관상은 그 사람의 성격이나 과거의 업을 반영하는, 그래서 정해져 있는 대략의 운명을 보여주는 '지표'이다. 이 지표를 보면 그 사람의 특성과 겪을 일을 어느 정도는 읽어낼 수가 있다. 비유하면 이정표와 같다. 이정표를 보면 서울이나 부산이 이곳에서 어느 방향에 있는지, 어느 정도의 거리에 있는지를 알수 있다. 그러나 그 이정표를 바꾼다고 서울과 부산의 위치가 바뀌지 않듯이 태어날 때 사주를 조절하거나 생긴 모습을 성형수술로 바꾼다고 그 사람의 성격이나 업이 바뀌지는 않는 것이다.

32상 80종호와 같은 신체적 특징은 붓다를 구별하는 하나의 지표가 될 수 있기 때문에 의미가 있다. 하지만 그러한 색신 때문에 붓다인 것은 아니다. 극단적으로 말하면 32상 80종호가 하나도 없다 해도 붓다의 본질은 변하지 않는다. 그렇다면 붓다를 붓다이게 만드는 본질은 무엇인가? 이에 대한 적극적인 답변은 이 경전에 나타나지 않지만 다른 경전과 논서들에서는 이를 여러 가지로 풀이하고 있음을 볼 수 있다. 그것은 대개 '법신'이라는 명칭으로 설명되는 내용이다. 26장의 제목이 '법신은 모양이 아니다'는 의미의 「법신비상분」인 것도 이와 관련이 있다.

법신法身이란 무엇인가. 이에 대해서는 여러 경전과 논서에서 천착하고 있지만 고도로 추상적인 개념이어서 이해하기가 쉽지 않다. 『보살영락경』에서 설하고 있고 비교적 이해가 쉬운 오분법신을 가지고 살펴보자. 오분법신五分法身이란 붓다의 체體, 붓다를 붓다이게 하는 본질을 다섯 가지로 나누어 설명한 것이니 계·정·혜·해탈·해탈지견을 말한다. 행위가 청정하여 계에 조금도 어긋나지 않고 마음은 선정에 들어 늘 고요하며 큰 반야의 지혜가 있다. 번뇌나 그어떤 장애에도 걸림이 없어 해탈하였고 반야를 토대로 하여 삼세시방을 자유롭게 알고 본다. 이렇듯 다섯 가지 측면에서 티 없이 청정하고 완벽하기 때문에 붓다라 할 수 있다는 것이다. 이런 조건을 갖추고 있기 때문에 대중은 붓다에게 귀의하고 저녁 예불마다 "계향 정향 혜향 …"이라고 오분향례를 올리는 것이다.

그런데 이 다섯 가지는 눈에 보이는 것이 아니고 양을 잴수 있는 것이 아니다. 또 색신과 분리되어 별도로 존재할수도 없다. 즉, 색신을 지닌 어떤 이에 대해서만 그가 지니고 있는 계나 정을 논할 수 있다는 것이다. 『대승기신론』에는 이와 관련한 다음과 같은 문답이 있다.

질문: 만일 부처님들의 법신이 색상을 떠나 있는 것이라면 어떻게 색의 모습을 나타낼 수 있는가?

답변: 이 법신에 상즉해 있는 것이 색의 체이기 때문에 색을 나타낼 수 있다. 본래부터 색과 마음은 둘이 아니다色心不二. 색의 성품이 지혜에 상즉해 있으므로 색의 체가 형

상이 없는 것을 지신智身이라 이름 붙여 설하고, 지혜의 성품이 색에 상즉해 있으므로 법신이라고 이름 붙여 일체의 곳에 편만하다고 설하는 것이다.

붓다가 가지고 있는 32상 80종호와 같은 색신은 계 내지 해탈지견과 같은 지혜의 몸, 즉 법신과 분리되어 있지 않다. 색신을 색신으로 만드는 본질은 법신이고 본질로서의 법신을 알 수 있게 만드는 것이 색신이다. 다시 말하면 법신이 없다면 색신이 나타날 수 없고 색신이 없다면 법신이 어떠한지를 알 수 있는 단서가 없다. 32상 80종호는 설명의 편의상, 속제에 따라서 길다거나 깨끗하다고 이름 붙인 것일 뿐 그 말의 대상이 고정되어 있지 않다. 그러므로 우리는 말에 따라가지 말고 그 본체인 법신을 보아야 한다. 색신은 붓다의 법신이 어떠한지를 보여주는 지표, 혹은 계기일 뿐 그 속에 내재되어 있는 법신을 미루어 알아야 진정 붓다를 안다고 할 수 있다.

내재해 있는 가치를 보지 못하고 외형으로 드러난 모습만 보려는 것은 일상에서 다반사로 일어나는 전도 현상이다. 최고의 골프 선수가 어떤 골프채를 쓴다고 그걸 따라 사고, 유명한 연예인이 어떤 상표의 옷을 입었다고 흉내 내어 입는 것은 골프선수의 피나는 연습과 연예인의 타고난 몸매 등은 고려하지 않는 본말 전도의 사례라 할 수 있다. 외모가 훌륭하고 지혜로워 보인다고 귀의하거나, 복식이 존귀하고 화려하다고 존경하는 사례를 우리는 주변에서 흔히 볼 수 있다. 반대로 외모가 보잘것없거나 복장이 누추하면 낮추어 보는 일도 비일비재로 나타나는 일이다. 이와 마찬가지로 조성되어 있는 불상의 모습이 훌륭하다고 더욱 공경심이 일어나고, 모습이 이상하게 생겼다고 외면하는 것은 불상이 가지고 있는 기호記號적 의미를 놓치고 있는 것이다. 반야에 의지하면 "전도몽상을 멀리 여읠 수 있다"고 『반야심경』에서 설하듯이 무실체의 본질을 보는 반야가 있어야 색상에 현혹되는 어리석음을 버릴 수 있다.

언어의 본질은 무엇인가

'얻은 것도, 설한 것도 없다'는 뜻의 「무득무설분無得無說分」 제7에서 석존은 또 하나의 역설을 설하여 읽는 이를 당황하게 만든다.

수보리여, 여래는 아뇩다라삼먁삼보리를 얻었는가, 여래가 설한 법이 있는가?

짐작하겠지만 지혜로운 수보리는 이에 대해 아니라고 부정한다. "제가 부처님께서 설한 뜻을 이해한 바로는 아뇩다라삼먁삼보리라고 부를 수 있는 정해진 법은 없습니다. 또한 여래가 설했다고 할 정해진 법은 없습니다" 하고 두 가지로 답변하고 있는 것이다. 이 문답은 외형상 '아뇩다라삼먁삼보리'와 '법'이라고 할 수 있는 고정된 대상이 없다는 것으로 이해된다. 이때의 법은 '진리'라는 의미로서 정법正法과 같은 말이고 이것의 상대 개념은 비법非法 혹은 사법邪法이라고 한다. 정법과 비법을 가르는 명확한 경계선은 애초에 존재하지 않기 때문에 법을 얻을 수도 없고 설할 수도 없다는 답변이다. 이에 대해서는 다음 절에서 살펴보도록 하고 여기서는 두 번째 답변에 담겨 있는 또 하나의 의미를 생각해 보자. 그 의미란 부처님께서는 설한 행위 자체가 없다는 것이다. 13장 「여법수지분如法受持分」에서는 "여래는 설하신 것이 없습니다無所說" 하고 수보리가 말하고 있는 것을 감안하면 이러한 이해가 가능함을 알 수 있다.

붓다는 주지하다시피 최고의 지혜인 아뇩다라삼먁삼보리를 성취한 이이다. 참으로 많은 세계의 진리를 알아서, 아니 모르는 것이 하나도 없는 일체지자이므로 생전에 설한 법은 팔만사천이라 불리는 많은 경전으로 남아 있다. 그런데 하나도 설한 것이 없다고 한다. 심지어 21장 「비설소

설분非說所說分」에서 석존은 "여래가 설한 것이 있다고 말한다면 붓다를 비방하는 것"이라고까지 말하고 있다. 이러한 설법은 부정의 논리가 종횡으로 구사되는 반야부 경전에서만 나타나는 것이 아니다. 석존이 입적하기 전 마지막에 설한 『열반경』에서도 "여래는 비록 일체 중생을 위하여 여러 법을 널리 설하였지만 실로 설한 것이 없다"고 밝히고 있는 것이다. 이러한 언급에는 언어가 갖는 본질적 성격이 담겨 있다고 생각된다. 여기서 우리는 언어의 본질에 대해 고찰해 볼 필요가 있다.

언어에는 여러 가지가 있다. 어떤 사물을 지시하는 명사가 있고 사물의 관계나 동작, 상태를 가리키는 동사와 형용사, 조사 등도 있다. 정도를 나타내는 부사도 있다. 그런데 이 언어가 어떤 사물이나 상황을 적확하게 지시하여 다른 이에게 전달해 주는가?

나타내는 의미에 추상성이 많은 동사, 형용사 등은 차치하고 구체성이 강하다고 보이는 명사로써 예를 들어 보자. "산에 갔다"라는 말을 들으면 청자에 따라 떠올리는 이미지가 각각 다르다. 그가 심마니이거나 약초를 채취하는 이라면 일을 하는 작업장이라는 이미지를 떠올리게 되고 전문 산악인이라면 히말라야같이 험준하고 정복해야 할 대상을 생각할 것이며 보통의 회사원이라면 심신의 피로를 풀기 위해 다녀오는 단풍 든 아름다운 산을 연상할 것이다. 그 안에는 힘들거나 즐겁다는 느낌이 함께한다. 이는 '산'이라는 보편개념에 대해서만이 아니라 '어떤 산'이라는 개별자, 즉 계룡산, 남산과 같이 지시어가 구체적이라 해도 별 차이가 없다. 그 산에 살고 있는 사람, 한 번도 가보지 못한 사람 등 개별적 체험의 차이에 따라 그 산에 대해 갖고 있는 이미지가 각각 다르기 때문이다.

또 회사에서 어떤 사람이 "커피 한 잔 하자"고 말하였을 때도 그 의미는 상황에 따라 제각각이다. 화자가 남성이고 청자가 여성이었다면 "한 번 사귀어보자"라는 신호를 보내는 것일 수 있고, 화자가 상사이고 청자가 부하 직원이었다면 "일이 힘드니까 잠깐 쉬는 시간을 갖자"는 의미일 수도, 조용히 만나서 "업무처리가 왜 그리 미숙하냐"고 경고를 주기 위해 건네는 말일 수도 있다. 이는 어떤 말을 들을 때 배경이 되는 상황, 즉 컨텍스트context를 감안해야 함을 말해 준다. 그러므로 언어는 단어 하나하나에도 중층적 의미가 담겨 있을 뿐 아니라 단어가 문장이 되었을 때 그것이 사용되는 배경 상황까지 감안하면 매우 다양한 내용을 지시하게 된다.

어째서 언어는 이렇듯 다양한 의미를 갖는가? 세상의 사물에는 본래 이름이 붙어 있지 않기 때문이다. 이름을 붙이려면 하나의 사물을 다른 사물과 분리해야 하는데 사물 간에는 분별되는 경계선이 없기 때문이다. 일체의 사물이나 동작, 상태 등은 공간적으로나 시간적으로 다른 것들과 연속되어 있어서 본래 경계가 없다. 그러한 세상에 대해 우리가 임의로 선을 그어서 경계를 나누고 분별하는 것이기 때문에 그 분별은 무한하게 나올 수 있다. 색깔은 빨주노초파남보만 있는 것이 아니라 무한하게 나눌 수 있고 모양도 삼각형, 사각형, 원형 등만 있는 것이 아니라 무한하게 이름 붙일 수 있으며 속도, 높이, 강도 등도 무한하게 세분된다. 대지가 평평한 곳과 주변보다 높은 곳 두 가지만 있다면 각각을 들과 산이라는 이름으로 불러도 다른 사람에게 의미 전달이 잘 될 것이다. 자동차가 시속 10킬로미터와 100킬로미터 두 가지 속도만 낼 수 있다면 느리다와 빠르다는 말로 묘사해도 오해가 없을 것이다. 하지만 불행(?)하게도 울퉁불퉁한 대지에는 높은 것과 낮은 것 사이에 경계가 없고 자동차의 속도는 천차만별이다.

본래 경계가 없는 사물에 대해 임의로 경계를 긋다 보니 그 그어지는 곳은 말을 하거나 그 말을 듣는 사람마다 다르다. 산과 산 아닌 것 사이의 경계선은 그가 높은 지대에 사느냐 낮은 지대에 사느냐, 사막에 사느냐 초원에 사느냐에 따라 다르게 그어진다. 빠른 것과 느린 것 사이의 경계선은 비행기를 타고 다니는 사람과 걸어 다니는 사람 각각 구별 짓는 위치가 다르다. 이렇듯 다른 사물과 분리되는 경계선이 없는 사물들, 계속 변화하여 고정되어 있지 않은 개체들에 대해 이름을 붙이니 그 이름과 사물은 일대일로 대응할 수 없다. 우리가 무한하게 분별할 수 있는 사물에 대해 임의로 유한한 언어를 가지고 묘사하므로 그것은 부정확할 수밖에 없는 운명을 가지고 있는 것이다. 스위스의 언어학자 소쉬르Saussure가 언어를 포함한 기호들을 외형적 이미지인 기표(시니피앙)와 담고 있는 의미인 기의(시니피에)로 나누고 이 양자 간에 필연적인 상관관계가 없다고 한 것에는 언어와 그 지시체가 일대일로 상응하지 않는다는 통찰이 담긴 것인지도 모른다.

불교에서도 이러한 언어의 성질에 대해 깊은 연구가 행해졌다. "법이란 무엇인가? 그것은 명신·구신·문신이다" 「집이문족론」. 명신名身이란 문장, 구신句身이란 단어, 문신文身이란 자음·모음의 글자를 가리키고 신身은 복수의 의미이다. 예를 들어 'ㅅ'은 글자, '산'은 단어, '산은 높다'는 문장이라고 부른다. 이러한 것들이 음성으로 표현되면 언어가 되고 형상으로 나타내면 글이나 기호가 된다. 붓다가 대중을 위해 말로 진리를 설해놓은 것은 법, 혹은 불법이라 하고 때로는 불교라고도 한다. 붓다가 설해 놓은 것은 법(정법, 가르침, 진리)이고 이것은 단어 내지 문장으로 이루어져 있는 것이라는 의미이다.

그런데 이 명신·구신·문신은 '불상응행법不相應行法'으로 분류된다. 심이나 심소, 색법과 상응하지 않는 행법이라는 뜻이다. 이러한 언어가 음성으로 표현되거나 글자로 나타내지면 그것은 색온에 포함되겠지만 여기서의 언어는 음성이나 글자 등 어떤 수단으로 표현되기 이전의 것을 말한다. '행行'은 '조작, 변천' 등의 의미를 갖는 말로서 달리 유위법이라고 한다. 언어란 자연스럽게 존재하는 색법도, 저절로 일어나는 마음의 법도 아니고 임의로 조작하여 만들어낸 법이라는 의미이다. 그렇다고 그 조작이 아무런 원칙이나 기준이 없다는 것은 아니다. 다만 그 원칙이 자의적 성격이 매우 강하다는 말이다. 그러므로 언어는 '세속의 진리'라고 하는 의미의 속제俗諦 가운데 중요한 한 가지로 분류된다. 마치 마당에서 놀이를 할 때 땅에 선을 그어 놓으면 그 선에 의해 갈 수 있는 곳과 없는 곳이 나누어지듯이, 허공에 사면체로 벽돌을 쌓아 놓으면 안과 밖이 나누어지듯이 무분별의 세계를 임의로 분별하여 이루어지는 것이 속제이다. 속제를 표현할 때 불교 논서에서는 건립建立, 혹은 안립安立, 가립假立이라는 표현을 쓴다. 여기서 '립立'은 '정하다'라는 의미를 갖는 글자이다. 봄이 시작되는 절기를 입춘立春이라고 부르고 법을 정하는 것을 입법立法이라 하는 것은 이러한 용례이다. 자연히 있는 것이 아니라 우리끼리의 약속으로 (임시로) 그렇게 정하여 두었다는 의미이다.

언어는 사물에 본래 있는 자연스러운 속성이 아니기 때문에 후천적으로 자꾸 들어서 습득되는 것이다. 우리는 이 습득된 언어를 통해 사유를 하고 다른 이들과 의사소통을 한다. 그런데 후천적으로 얻어진 이 언어가 우리의 사유를 지배하고 나아가 모든 사물이 분리되어 있는 것으로, 경계가 본래 있는 것으로 착각하게 만든다. 다시 말하면 언어가 그것이 가리키는 대상물과 일대일로 대응하는 것으로 오해하게 되는 것이다. 깨달음은 이러한 착각과 오해를 벗어나 분별이 없는 세상의 본래 모습, 언어가 붙기 이전의 세계를 직접 보는 것이다. 언어를 매개로 하지 않고 세계를 직접 보는 것을 불교 인식론에서는 현량現量이라고 한다. 깨달음은 현량으로 이루어진다. 붓다는 언어가 붙어 있기 전, 무위법인 진여의 세계를 그대로 깨달은 뒤 그 내용을 범부들에게 전해주기 위하여 어쩔 수 없이 유위법인 언어를 빌렸다. 하지만 그가 구사하는 언어는 인위적으로 조작된 유위법의 성격을 초월한 자유자재한 것이다.

앞의 구절에서 석존은 "법을 설한 것이 없다"고 하는 이유를 "무위법으로 하되 차별이 있기 때문以無爲法 而有差別"이라고 설명하고 있다. 무위법이란 허공과 같은 것을 말하니, 분리되지 않고 생멸이 없는 법이다. 붓다가 무위로 설한 법은 고정된 지시체가 있는 언어가 아니기 때문에 붙잡을 수 없다不可取. 이러한 설법은 각 법마다 그 가리키는 것이 '무엇'이라고 언어가 담고 있는 한정적 개념으로 특정할 수 없다. 그러므로 석존은 우리가 알고 있는 유위법으로서의 언어, 고정된 지시체가 있는 언어로 본다면 설한 것이 없다. 앞서 『반야심경』에서 색·수·상·행·식이 없고 내지 고·집·멸·도 역시 없다는 것에는 우리가 그 단어를 유위법으로만 이해하는 한에서 없다는 의미가 담겨 있다.

비유하면 허공에 손가락으로 모양을 그려서 하나의 차별되는 형상을 만드는 것과 같다. 사람들이 그것을 보고 사람인지, 개인지 구별하고 나면 허공에는 아무런 자취가 남지 않는다. 붓다가 설하는 법은 그때그때 사물을 지시하는 손가락과 같은 것이어서 청중들이 그 지시체를 제대로 파악하고 나면 사라져 버리는 것이다. 하지만 범부들은 무위법으로서 사용된 자유자재한 말에서 유위법의 자취를 찾으려 한다. 6장에서 "나의 설법을 아는 것은 뗏목의 비유와 같다. 법도 오히려 버려야 하거늘 하물며 비법임에랴" 하고 설하는 것은 이런 맥락이다. 뗏목을 타고 강을 건넜으면 그 뗏목은 버려야 하는 것이다.

선가에서 전해지는 각종 화두 역시 깨달은 성현들이 무위의 행으로 언어를 구사하는 것이다. 달마가 서쪽에서 온 뜻을 물었을 때 조주趙州가 "뜰 앞의 잣나무"라고 답변한 것이나, 어떤 것이 부처냐고 물었을 때 운문雲門이 "마른 똥막대기"라고 대답한 것은 언어가 가지고 있는 고정관념을 넘어서 무위법으로 응대한 것이다. 이러한 응대는 당시의 언어습관과 문답의 상황이 모두 반영되어 있는 것이므로 질문자가 그 상황에 맞추어 그것이 지시하는 뜻을 깨달았으면 그만이지 그 언어 자체에 담긴 의미를 천착하면 안 된다. 그 지시하는 것을 보지 못하면 선사들은 "달은 보지 못하고 가리키는 손가락만 본다"며 혀를 찬다. 반대로 지시하는 것을 보아 깨달음을 얻었다면 그 말은 본래 의미와 상관없이 자신의 역할을 다 한 것이다. 이때 그 선사는 질문자에게 설한 것이 있는 것인가, 없는 것인가. 질문받은 이가 '있다', '없다'의 의미를 유위법, 즉, 속제적 개념으로 이해하여 답변한다면 있다고 해도 한 대 맞을 것이요 없다고 해도 한 대 맞을 것이다. 수보리는 "법을 설한 것이 있느냐"는 석존의 질문에 석존의 설법은 무위법으로 행한 것만 있을 뿐 언어라는 제한적 특성을 그대로 가지고 있는 유위법으로 설한 것은 한마디도 '없다'고 유위법의 형식으로 답변한 것이다.

우스갯소리이지만 어떤 승객이 택시를 타고 "전설의 고향에 가자"고 하였더니 택시 기사는 센스 있게 예술의 전당에 제대로 내려 주었다. 이 기사는 승객의 말에 얽매이지 않고 승객과 주변 상황을 감안하여 말이 담고 있는 의미를 잘 간취한 것이다. 그렇다면 승객은 "전설의 고향에 가자"는 말을 한 것인가, 하지 않은 것인가.

독립되고 고정된 실체는 없다

이제 앞 구절에서 제기한 첫 번째 문제, '여래는 아뇩다라 삼먁삼보리를 얻지 않았다'는 것을 고찰해 보자. 붓다는 모든 것을 아는 최고의 지혜인 아뇩보리를 얻은 존재이고 이 경전은 이 지혜를 얻고자 발심한 보살이 어떻게 마음을 운용해야 하는가를 묻는 것으로 시작한다. 즉, 아뇩보리는 이 경전이 설하고 있는 보살도의 최종 목적지로서 가장 중심적인 주제인데 석존은 천연덕스럽게 느껴질 정도로 그것을 얻은 바 없다고 말하고 있고 수보리도 동의하고 있는 것이다. 이 말을 액면 그대로 받아들인다면 보살은 있지도 않은 목적지를 향해 가는 것이 된다. 이 말을 어떻게 이해해야 할까?

앞서 아뇩보리는 반야가 바탕이 된 지혜라고 하여 반야를 불모佛母라고 하였다. 8장「의법출생분依法出生分」에서 "일체 제불 및 제불의 아뇩다라삼먁삼보리법은 모두 (반야를 설하고 있는) 이 경전으로부터 나온다"고 한 것이나『반야심경』에서 "삼세제불은 반야바라밀다에 의지하므로 아뇩다라삼먁삼보리를 얻는다"는 구절도 이를 두고 한 말이다. 무분별지인 반야를 얻는다는 것은 분리되는 경계가 없는 진여의 실상을 보는 것이다. 세상은 경계가 없다. 서양식 분류인 계 내지 종에 이르기까지, 불교의 분류인 색온 내지 수·상·행·식온까지 일체 보편자적 분류 사이에도 명확한 경계가 없고, 단일한 사물로 보이는 개체와 개체 사이에도 그어진 선이 없다. 우리가 보는 보통의 육안으로 세상을 본다면 개체들은 서로 분리되는 것으로 보이지만 원자 단위의 미시 세계를 볼 수 있는 현미경으로 본다면 개체들 사이에 경계가 없음을 육안으로도 확인할 수 있다. 경계가 없으면 끝도 없다. 궁극이라고 할 수 있는 것이 없다. 그렇다면 아뇩보리가 무상無上이라 하는데 궁극의 지혜, 가장 높은 지혜라는 것이 있을 수 있을까? "이것이 바로 아뇩보리"라고 '그것'만 딱 잡아서 다른 보리와 구분할 수 있는 경계가 있을까? 또 설한 법이 없다고 하였는데 그 법이란 비법의 반대, 즉 정법을 의미하는 것이라고 하였다. 그런데 정법과 비법 사이에는 경계가 없다. 경계가 없으므로 어떤 것을 법이라거나 혹은 비법이라고 확정하여 말할 수 없다. 이러한 사정을 밝힌 것이 22장 「무법가득분無法可得分」의 "나는 아뇩다라 삼먁삼보리 내지는 적은 법이라도 얻은 것이 없다"는 내용이다. 다른 것과 분별되지 않고 고정된 실체가 없는 법을 어찌 얻을 수 있겠는가.

23장 「정심행선분淨心行善分」에서는 4상이 없이 선법善法을 닦아야 아뇩보리를 얻는다고 하면서도 이때의 선법은 "선법이 아닐 때 선법이라고 부른다"고 설하고 있다. 선법의 반대는 비선법, 좁게는 악법이 될 것이다. 재물을 다른 사람에게 베풀어주는 행위는 선법일까? 보통은 그렇다는 긍정적 답변이 나올 것이다. 그런데 어떤 부유한 사업가가 자신이 노블레스 오블리주를 실천하는 고귀한 사람임을 과시하기 위하여 가식으로 베풀어주는 행위는 어떤가. 속으로 "이거나 먹고 떨어져라" 하고 멸시하는 마음으로 던져 주듯이 준다면 어떨까. 살생은 악법인가? 사랑하며 아끼던 소가 큰 상처를 입어 고통스러워하고 있지만 도저히 치료할 수단이 없을 때 눈물을 흘리며 죽인다면 어떨까. 어떤 무사가 광기가 들어 아무 이유도 없이 칼을 휘두르며 사람들을 죽일 때 다른 방도가 없어서 그를 죽이는 행위는 악법인가? 재물을 베푸는 행위나 생명을 죽이는 행위는 일반적으로 선과 악으로 불리지만 그것을 행하는 사람의 마음, 그 행함의 대상이 처한 상황 등에 따라 다양한 편차를 갖는다. 외견상 똑같은 행위라도 그 선악의 판별은 극악무도에서 지고지선까지 무한하게 세분될 수 있다. 그 사이에 경계가 없기 때문에 선법과 비선법은 본래 나누어져 있는 것이 아니다. 이렇듯 분별되지 않는 실상을 아는 보살은 선과 비선이라는 분별심 없이 선을 행한다. 그때의 선은 비선에 상대되는 것이 아닌 절대의 선이므로 선이라고 부를 수 없다. 악이 없으면 선도 없다. 마치 세상에 여자가 없다면 남자가 있을 수 없는 것과 같다. 그냥 사람이 있을 뿐이다. 또 동물이 없다면 사람이라는 말도 있을 수 없고 그냥 생물이라는 말만 있게 되는 것과 같다.

9장 「일상무상분—相無相分」에서는 성문승의 성인 네 단계인 수다원 내지 아라한에 대해서도 '그것'을 정할 수 없음을 말하고 있다. 도를 보아見道 처음으로 성인이라고 불리는 이가 수다원이다. 보통 한문으로 예류預流라 번역되는 이 말은 '성인의 흐름에 참여하였다'는 뜻이다. 이 경전에서는 입류入流라고 번역하고 있는데 성인의 흐름을 범부 무리와 경계지을 수가 있는가? 봄에 피어오르는 아지랑이가 명확한 경계선이 없듯이, 하늘의 은하수는 그 한계가 모호하듯이 성인의 흐름은 다른 범부들의 흐름과 분명히 나눌 수 없다. 사다함은 욕계에 한 번 더 와야 한다는 의미로 일래—來라고 번역하지만 실로 욕계와 색계는 명확하게 구분할 수 없다. 색계는 하늘신(천신)들이 살고 있는 곳인데 어디부터 하늘인가? 내게는 어깨 정도의 높이일지라도 개미에게는 까마득한 하늘이다. 더 이상 욕계에 돌아오지 않는다는 의미로 불환不還 또는 불래不來라 번역되는 아나함 역시 마찬가지이다. 내지 마지막 경지인 아라한 역시 아나함과를 성취한 성인과 명확히 분별할 경계는 없다. 그렇다고 그들이 들어간

경계가 성인의 경계가 아닌 것도 아니다. 그 경계는 유위법인 언어로서 한정할 수 없다는 것이니 이를 "색·성·향·미·촉·법에 들어가지 않았다"고 표현한다.

이렇듯 나와 내 것, 나와 남, 수다원과 사다함, 성인과 범부 등이 나누어지기는 하되 이들을 명확히 둘로 가를 수 없다는 진리를 불이법문不二法門이라 한다. 『유마경』의 「불이법문품」에서는 둘로 가를 수 없는 진여의 경계를 여러 가지로 설하고 있다. 절 입구에 세워져 있는 불이문도 이와 같은 사고이다. 문이란 본래 담장을 설치하여 안과 밖을 구분하고 그 안에서 밖으로, 밖에서 안으로 오가는 출입구이다. 하지만 사찰의 불이문은 주변을 둘러싼 담장도, 문을 막고 있는 문짝도 없다. 허공에 그린 그림처럼 기둥만 세워두고 이 부근 어디쯤부터 밖(이라고 생각되는 곳)은 세간, 안(이라고 생각되는 곳)은 출세간이라 분별하는 것이다. 이렇듯 세간과 출세간, 안과 밖은 같지 않지만 그렇다고 구별되는 명확한 경계선을 그을 수도 없으므로 '둘이 아닌' 것이다. 이를 조금 부연한 말이 '하나도 아니고 둘도 아니다不一不二', 혹은 '둘이 아니지만 둘이다不二而二'이다. 일주문 역시 이와 같은 방

식이다. 일주문─柱門이란 기둥이 하나 있는 문이라는 뜻이
아니다. 실제로 기둥은 두 개, 혹은 네 개가 있다. 이 문은
가로막는 담장도 문짝도 없이 '기둥 한 가지'만 덜렁 세워둔
문이라는 뜻이다. 이러한 문은 실제로는 안팎을 구별할 수
도, 출입을 통제할 수도 없으므로 문의 기능이 전혀 없는,
문 아닌 문인 셈이다.

18장 「일체동관분─體同觀分」은 '하나의 몸으로서 똑같이 관
찰한다'는 의미를 담고 있는 제목이다. 이곳에 나오는 유명
한 구절이 "과거의 마음도 얻을 수 없고 현재의 마음도 얻
을 수 없고 미래의 마음도 얻을 수 없다過去心不可得 現在心不可得
未來心不可得"이다. 과거는 흘러가 버렸고 미래는 오지 않았고
현재는 고정되어 있지 않기 때문에 붙잡을 수 없기도 하지
만 이 사이에 경계가 없기 때문에 삼세는 그 실체를 얻을
수 없다. 아침과 점심, 점심과 저녁 사이에는 경계가 없다.
사실 1시 1분 1초와 같은 '시각'은 세상에 존재하지 않는다.
초바늘이 1초 단위로 재깍재깍 가고 있는 시계는 세상의
모습을 그대로 반영하고 있지 않다.

눈에 보이고 손에 잡히는 사물도 고정되고 분리된 것이

없는데 마음은 또 어떻게 잡을 수 있겠는가. 악한 마음과 선한 마음, 잔인한 마음과 자비로운 마음 사이에는 경계가 없다. 경계가 없는 시간 속에서 분리되지 않은 마음이 움직이고 있을 때 한 시기의 마음만을 떼어 정의하는 것은 실로 불가능한 일이다. 하지만 그런 것을 아주 없다고 할 수도 없다. 수·상·행·식을 마음이라 하지만 그 이름이 가리키는 분리되어 있는 실체는 없는 것을 알 때 진실로 마음의 의미를 알 수 있다.

이렇게 세계가 분리되어 있지 않은 모양을 이 경전에서는 일합상一合相이라고 부른다고 하였다. 이와 유사한 말로서 『유가사지론』의 '대총상大總相'과 『대승기신론』의 '일법계대총상법문체一法界大總相法門體'가 있다. 그런데 이렇게 말해 놓으면 다시 이것을 하나의 명확한 모양으로, 지시되는 고정된 대상이 있는 실유實有로서 착각할까봐 "여래가 설하는 일합상은 일합상이 아니므로 일합상이라고 부른다"고 30장에서 다시 주의를 준다.

여기서 잠깐 『금강경』의 논리 구조를 살펴보자. 지금 "일합상이 아니므로 일합상이라고 부른다卽非一合相 是名一合相"고

번역하였는데 이렇게 앞 뒤 모순되는 것으로 보이는 말을
피하기 위해 이를 "일합상이 아니고 이름이 일합상이다"
라고 번역해야 한다고 주장하는 이들도 적지 않다. 충분히
일리 있는 견해이다. 시간적으로 고정되고 공간적으로 주
변과 분리되어 독립하여 있는 실체는 없고 임시로 나누어
붙인 이름만 있는 것이 지금까지의 설명이므로 일리가 있
다는 것이다. 하지만 이렇게 풀이하면 두 가지 점에서 문
제가 있다. 하나는 "이름이 일합상"이라고 하려면 한문으
로는 '시명일합상'이 아니라 '명시일합상名是一合相'이라 하는
것이 정확하다. 그리고 이처럼 'A는 A가 아니므로 A이다'라
고 해석되는 표현이 30여 회 나오지만 '명名'이 들어가지 않
는 경우도 있다. "소위 불법이라는 것은 곧 불법이 아니다
所謂佛法者 卽非佛法"8장, "여래가 설하는 일체의 상은 곧 상이 아
니다如來說一切諸相 卽是非相"14장 등이 이러한 예이다. "일체법이라
고 말한 것은 일체법이 아니므로 일체법이라고 이름한다所
言一切法者 卽非一切法 是故 名一切法"는 17장의 언급은 앞에 시고是故가
있으므로 "그러므로 일체법이라고 부른다"고 하는 것이 자
연스럽지 "그러므로 이름이 일체법이다"라고 하면 매우 부

자연스러운 번역이 된다. 이러한 표현은 앞에서 설명하였듯이 지시하는 대상이 고정되어 있지 않은 말, 속제의 특성이 강한 언어에 얽매이면 안 된다는 가르침이 함축되어 있는 것이다.

두 번째로 이렇게 "이름이~"라고 해석하면 담고 있는 의미의 폭이 제한된다. "아뇩다라삼먁삼보리가 아니기 때문에 아뇩다라삼먁삼보리", "반야바라밀이 아니기 때문에 반야바라밀", "아라한이 아니기 때문에 아라한"이라는 표현은 그 언어에 상응하는 고정된 실체가 없는 실상을 알아야 비로소 아뇩보리 내지는 아라한이라 불릴 수 있다는 의미가 담겨 있다. 우리 범부가 이해하는 고착된 의미로서 언어로만 받아들이는 것이 아니라 무분별의 실상을 깨달은 상태, 즉 아상 내지 수자상이 없는 상태라야 비로소 그 어구가 가리키는 진정한 의미를 볼 수 있다는 말이다. 19장 「법계통화분法界通化分」에서 "만일 복덕이 실재가 있는 것이라 하면 여래는 복덕이 많다고 설하지 않았을 것입니다. 복덕이 없기 때문에 여래는 얻는 복덕이 많다고 설하신 것입니다"고 말하고 있는 것은 수보리가 이러한 이치를 잘 이해하고 있어서라고 할 수 있다. 다시 말하면 복덕이 구체적이고 한정적인 대상, 즉 다른 것과 분별되는 경계가 있는 고정물이라고 한다면 수량을 말할 수가 있다. 그런데 이 수량은 상대적인 것이므로 아무리 많은 것이라 해도 그보다 하나라도 많은 것과 비교되는 순간 적은 것이 된다. 복덕이 경계를 갖지 않을 때는 수량을 말할 수 없고, 수량을 말할 수 없는 것은 무한으로 확장되므로 비로소 적다와 상대되지 않은 많음, 절대의 많음이 되는 도리이다.

앞에서 말한 수다원 내지 아라한들은 도를 보아見道 성인이 된 사람들이다. 비로소 승보僧寶의 반열에 올라 공양을 받을 자격이 생긴 분들이다. 이들이 보았다는 도道는 속제 뒤에 감추어져 있는 무분별의 진리인 진제, 세상의 진짜 모습이다. 그러므로 자신이 이러이러한 것을 성취하여 범부 중생들과는 차별된다는 생각이 자연히 없어지고, 그러할 때 비로소 세존이 속제인 언어를 빌려 설한 반야의 이치, "설한 것이라 할 수 있는 법이 없는 설법"21장을 명확히 이해할 수 있게 된다.

수보리는 아라한과를 성취한 이이다. 그런데 자신은 아

라한을 얻은 이라는 관념이 없어서 "무쟁삼매無諍三昧를 성취한 이 가운데 제일"이라고 부처님께 칭찬을 들었다고 하였다. '무쟁'이란 '(말)다툼이 없다'는 의미이다. 언어에 집착하여 그것이 지시하는 고정된 대상이 있다고 생각하면 다툼이 일어난다. 높이 50미터쯤 되는 언덕을 보고 어떤 이가 "산"이라고 부르자 다른 이가 "저게 무슨 산이냐, 한 2백 미터는 되어야 산이지" 하고 나무라서 싸움이 벌어졌다. 명왕성을 태양계의 행성으로 분류하는 것이 옳은가 그른가를 놓고 한참의 논쟁 끝에 결국 행성이 아닌 것으로 결론이 내려졌다. 이러한 논쟁은 옳고 그름을 따지는 문제가 아니라 경계선을 어디에 그을 것인가 하는, 어느 쪽이 다수가 되는가를 정하는 과정이다. 우리가 자의적으로 그은 경계선에 대해 언어가 부여된다는 속제적 성격을 깨달아 언어에 자성이 없음을 아는 아라한은 다툼이 없다.

경계가 없는 무한의 세계에 들어간 성인들, 스스로 경계의 분별을 전혀 하지 않는 보살들을 그러면 어떻게 분별하는가? 범부와 성인, 수다원 내지 아라한 사이의 차이가 없다면 그들과 나는 똑같은데 존경할 이유가 무엇인가? 경계는 없지만 차이는 있다. 봄과 여름 사이에 경계는 없지만 각각이 주는 느낌이 다르고 빨간색과 주황색 사이에 선은 없지만 우리에게는 분별되어 보이는 것이다. 사물 자체는 나누어 있지 않으나 우리에게 느껴지고 보이는 것에 따라 임의로 분별한 것이다. 기준은 대상 자체에 있는 것이 아니라 우리 각자에게 있다. 다만 그 '우리' 안에 다수가 들어가느냐 소수가 들어가느냐에 따라 옳고 그름이 갈린다. 봄과 여름, 빨간색과 주황색이라는 판단이 객관성을 갖는다고 말하는 것은 그러한 판단을 내리는 '우리'의 안에 매우 많은 인원이 들어간다는 의미이다. 마찬가지로 보살이나 아라한이라는 범위 안에 들어갔다는 것은 매우 많은 '정상적' 인원이 그렇게 느끼고 받아들이고 있음을 말한다. 대상들의 대체적인 특성을 받아들이는 이는 그 대상을 활용하여 이익이나 은덕을 입을 수 있다.

공의 세계에 들어가는 것은 비유하면 큰 바다에 들어가는 것과 같다. 바다는 하나이지만 물이 깊은 곳과 얕은 곳의 차이는 있다. 깊은 바다와 얕은 바다 사이에 경계는 없지만 그 둘 사이에 차이가 있는 것은 분명하다. 또 수학에 비유하면 범부는 유한수의 차원에 머무는 것이고 견도 이상의 성인은 무한수로 나아간 것과도 같다. 예를 들어 n에 자연수를 넣어서 각 항을 모두 더하는 시그마 Σ 셈법에서 n이 1부터 무한대 ∞로 갈 때 n+1이라는 1차 방정식과 2n+2라는 1차 방정식은 모두 무한수로 답이 나오지만 외견상 후자가 전자에 비해 두 배의 크기를 갖는 것으로 간주하는 것이 이와 비슷할까? 사물들은 우리가 임의로 분별하는 가운데 거기에서 편리함을 얻지만 사물 자체에는 경계가 없듯이, 지혜가 많고 적은 것으로 성인들을 분별하여 우리가 의지할 것인지, 존경할 것인지를 판단하여 그에게 은덕을 입지만 실상을 아는 성인들 스스로는 그러한 분별심이 없다.

보살행은 국토를 장엄하는 것

    10장 「장엄정토분莊嚴淨土分」은 석존이 과거 연등불이 계시던 시절에 자신이 얻은 법이 있느냐고 묻자 수보리가 실로 얻은 것이 없다고 답변하는 것으로 시작한다. 『수행본기경』 등에 전해지는 연등불 시절의 이야기에 따르면 (이 경전에는 연등불이 정광불錠光佛로 번역되어 있다) 당시 총명한 소년이었던 석존은 연등불에게 진심 어린 마음으로 공양하여 장차 석가모니불이 되리라는 수기를 받는다. 성불수기라는 큰 과보를 얻었어도 성불수기의 고정된 실체가 있는 것이 아니므로 수기를 주는 부처님도 무엇을 주었다는 생각이 없고, 받는 소년도 무엇을 받았다는 집착이 없었다는 것을 이렇게 표현한 것이다.

　이어서 석존이 "보살이 불토를 장엄하느냐?" 하고 묻자 수보리는 "불토를 장엄한다는 것은 장엄함이 아니기에 장엄한다고 이름합니다"라고 답변하고 있다. 이 구절 역시 "이름이 장엄일 뿐"이라고 해석할 수 있지만, 국토를 장엄하는 보살에게 장엄한다는 분별의식이 없어야 장엄과 비장엄의 경계가 없는 실상에 부합하기 때문에 진정한 장엄이 되는 것이라고 이해하는 것이 조금 더 포괄적이라고 보인다. 그런데 이 부분에서 설명하고 싶은 것은 '불토를 장엄한다'는 것이 무슨 의미인가 하는 점이다.

　장엄이라는 말은 범어 뷰하vyūha 혹은 알랑카라alaṃkāra의 한역어로서 위엄 있게 장식하여 배열한다는 정도의 의미이다. 이 말은 대개 두 가지 용법으로 사용된다. 첫 번째는 형용사로서 '웅장하고 위엄이 있다'는 뜻으로 사용하는 경우이다. 이 말은 주로 정토세계나 큰 도량의 아름다움을 묘사할 때 쓰인다. 세친은 극락정토를 찬탄하면서 그곳에는 국토와 부처님, 그리고 보살들에게 29종의 장엄함이 있다고 하였다「무량수경론」. 두 번째 용법은 '장식을 하여 위엄 있게 하는 것'이라는 의미로서 동사로 사용되는 경우이다. 이 경문에서는 성취된 결과로서 아름다움을 묘사하는 장엄이 아니라 보살이 실천하는 내용으로서 장엄이라는 말을 사용한 경우이다.

보통 사람들은 몸에 보석으로 장식을 하여 자신의 부와 권세를 드러낸다. 그 보석이 귀하고 비싼 것일수록 위엄은 높아진다. 하지만 무소유의 수행자들이라면 비싼 장신구를 할수록 오히려 위엄이 떨어진다. 그를 장식하는 것은 외형적인 물질이 아니고 정신적인 것이다. 그것은 계율·선정·지혜라 하기도 하고 지혜장엄과 복덕장엄 두 가지로 설명하기도 한다. 눈에 보이지 않는 정신적 가치를 눈에 보이는 장신구로 비유한 것이다. 그런데 보살은 이러한 장식을 자신에게만 하지 않는다. 다른 중생들, 그리고 그들이 의거하여 살고 있는 국토 역시 장식을 한다.

일반적으로 보살행을 복덕과 지혜를 수행하여 자신을 이롭게 하는 자리행自利行과 이를 남에게 전하여 중생들도 이롭게 하는 이타행利他行으로 나눈다. 이를 자행自行과 화타化他라고 부르기도 한다. 이타행, 혹은 화타행은 달리 중생을 제도하고 불국토를 건설한다는 말로도 표현한다. 관용적 한문 용어로는 중생성취衆生成就와 국토장엄國土莊嚴이라고 한다. 성취 대신에 성숙이나 교화라는 말을 쓰기도 하고 장엄 대신 깨끗하게 한다淨는 말을 사용하기도 한다. 『대품반야경』에 보살이 성불의 서원을 할 때 "나는 육바라밀을 행하여 불국토를 청정하게 하고 중생을 성취하기 원합니다" 「몽행품夢行品」고 하여야 한다는 설법이 있고, 『대지도론』에서는 보살에게는 육바라밀과 방편, 그리고 중생을 성취하고 불세계를 청정하게 하는 등 아홉 가지의 행이 있다고 설명한다. 이 경문에서 보살이 불토를 장엄한다는 것은 아뇩보리를 얻은 붓다가 되기 위해 반드시 행해야 할 보살도의 한 가지인 것이다.

육조 혜능은 불토를 장엄한다는 것에 대해 세 가지로 해석하였다. 첫 번째는 절을 짓고 경전을 쓰며 보시와 공양을 행하는 것으로서 이는 세간불토를 장엄하는 것이다. 두 번째는 일체의 사람들을 보면 공경하는 것이니 이는 몸의 불토를 장엄하는 것이다. 세 번째는 순간순간 항상 불심을 행하는 것이니 이는 마음의 불토를 장엄하는 것이다. "마음과 붓다, 중생의 세 가지는 차별이 없다"는 『화엄경』과 "마음이 청정하면 국토가 청정하다"는 『유마경』의 유명한 경문을 국토 청정에 이끌어 해석하고 있는 것이다. 이렇게 본다면 국토를 장엄한다는 것은 환경을 아름답게 한다는 의미도 담겨 있지만 그보다는 진리가 세간에 널리 퍼지고 사람들의 마음이 깨끗하여 서로 화합하도록 하는 것을 의미한다. 거기에는 또한 중생을 성취한다는 의미도 포함되어 있다. '세상을 아름답게'라는 구호가 길을 쓸고 거리를 정비하는 것보다도 사람들이 서로 이해하고 배려하는 사회가 되기를 염원한다는 의미를 담고 있는 것과 같은 이치이다.

그렇다면 어째서 보살은 이렇게 거창하게 중생들을 제도하고 국토를 장엄하여야 하는가? 그것 역시 무경계인 실상이 근본 원인이다. 나와 남이 분리되지 않고 중생과 국토가 나누어지지 않는 세상의 본모습을 알고 있기 때문이다. 이는 아상이 없다는 말과 같다. 아가 없다면 타가 있을 수 없다. 아와 타, 즉 나와 남의 경계선은 다양하게 그어질 수 있다. 나는 마음과 육체로 이루어진 존재로서 마음이 진정한 나라고 생각한다면 육체는 내가 소유한 남이 된다. 마음과 육체가 분리될 수 없고 이 전체가 나라고 생각한다면 다른 생명체나 무생물들이 남이 된다. 범위를 점차 넓혀 보면 나와 남의 경계선은 가족과 비가족, 우리나라 사람과 타국 사람, 동양인과 비동양인, 사람과 동물, 생물과 무생물, 지구 가족과 외계의 것 등으로 무한하게 확장할 수 있다. 그러나 이러한 모든 경계선은 실제로 존재하는 것이 아니라 스스로 그어놓은 것일 뿐이므로 경계가 없는 실상을 깨닫는다면 '나'라는 생각, 즉 아상이 없어지게 된다. 아상이 없다면 이 모든 것이 다 '나'가 되지만 이 나는 '남'에 상대되는 나가 아니라 절대의 하나인 나인 것이다. 아상이 없는 보살은 이 전체의 나를 위해서 중생 제도를 포함하여 국토를 청정하게 하는 일에 나서게 된다.

한 교실에 50명의 학생들이 있다. 점심시간이 되어서 식사를 하는데 모두 가난하여 굶고 있는 상황에서 내 가족과 같은 친구들을 내버려두고 나 혼자 맛있는 도시락을 먹을 수 있겠는가? 어떤 사람이 심장은 튼튼한데 폐가 나쁘거나, 다리는 튼튼한데 팔은 마비되어 있다면 건강하다고 할 수 있는가? 모두가 일체인 세상에서 나 혼자만 해탈한다는 것은 불가능하다. 고통받는 다른 사람들 틈에서 일부만 열반의 즐거움을 누린다는 것은 있을 수 없는 일이다. 병고로 시달리는 중생을 보면 잘못된 행동이나 식습관 등 병을 초래하는 원인을 밝게 알도록 해야 하고, 빈궁하여 고통받는 중생을 보면 욕심을 적게 하고 베푸는 마음을 연습하여 재복이 쌓이게 되는 원리를 가르쳐야 한다. 궁극에는 모든 고통이 무지에서 생기는 이치를 전하여 정법의 바른 지혜로써 고통에서 벗어나게 하는 것이 보살의 태도이다. 이리하여 주변의 한 사람, 두 사람이 행복을 누리고 나아가 세상 전체가 고통 없이 즐거울 때 보살의 행은 완성된다. 이것이 중생을 성취하고 불국토를 장엄하는 이유이다.

결국 중생성취, 불국건설은 남을 위한 희생이 아니고 나를 위한 길이다. 그러므로 불토를 장엄하지만 그것을 장엄한다는 생각이 없다. 내가 나를 위하여, 나의 평화와 행복을 위하여 장엄하는데 어떻게 장엄한다는 생각을 가질 수 있겠는가? 이러한 이치로 생각하면 자리와 이타는 별개의 행이 아니다. 나와 남이 분리되지 않으므로 자리가 곧 이타이고 이타가 곧 자리가 되는 표리의 관계가 된다. 중생과 국토가 둘이 아니므로 중생성취가 국토장엄이 되고 국토장엄이 중생성취가 된다. 사실 불교에서 국토라는 말을 쓸 때는 중생과 대비되는 국토, 좁은 의미의 환경세계를 가리키는 경우도 있지만 중생과 환경을 하나로 묶어서 국토, 혹은 불토라고 표현하는 경우가 많다. 보살은 이렇듯 '세상을 아름답게' 하는 행으로서 불토장엄을 위해 노력하는 사람이다. 그것이 남을 위한 봉사가 아니라 나 아닌 나, 우리 전체를 위한 일이므로 장엄한다는 생각이 없을 때 진정한 보살행이 된다. 그러므로 석존은 "장엄이 아닐 때 장엄이라고 부른다"고 설하고 있다.

이렇듯 장엄한다는 생각 없이 장엄을 실천하는 마음을 다음 구절에서는 '청정심'이라고도, '머무는 바 없이 일으키는 마음'이라고 불렀다. 청정하다는 것은 악에 물들지 않아 선하다는 의미가 아니다. 마치 붓이 전혀 닿지 않은 흰 도화지처럼, 봄에 갈아놓은 밭처럼 아무것도 걸릴 것이 없다는 뜻이다. 걸릴 것 없이 깨끗하면 눈길이 가거나 발길이 지날 때 머물 일이 없다. 마음에 걸릴 것이 없으려면 분별심이 없어야 한다. 나와 남, 높고 낮음, 선과 악에 대한 분별이 없으면 마음을 쓸 때 머물거나 걸리는 일이 없으므로 청정심이라고 한다.

교학적으로는 이를 무위심이라고 한다. 무위는 이해하기 어려운 개념이다. 작위가 없다는 점에서 노장의 무위자연無爲自然이 연상되지만 자칫 소극적, 둔세적 태도로 이해될까 저어된다. 보살은 중생성취와 국토청정을 위한 행에 적극적으로 나서지만 그 마음이 무위심인 것이다. 무위심이란 중생제도행을 하면서도 내가 행한다거나 중생이 제도를 받는다는 마음이 없고, 그 제도행이 선업이라거나 악업이라는 분별심이 없는 것이다. 다시 말하면 주객이 일치되고 선악의 중도에 서서 근기와 상황에 맞추어 자연스럽게 발현되고 자유자재하게 쓰는 마음이 무위심인 것이다.

무위심과 반대되는 개념은 유위심이다. 유위심이란 시간이나 공간적으로 경계가 없는 실상에 작위를 가하여 생·주·멸이라는 시간경계와 이것, 저것이라는 공간경계를 만들어 바라보는 범부들의 마음이다. 이렇듯 분리하는 마음으로 선을 행하면 그가 받는 과보 역시 분리되고 제한된다. 한 사람을 위해서 선을 행하면 그 한 사람이 이익을 얻고,

한 사회나 국가를 위해서 선을 행하면 그 한계 안에서 선의 혜택이 돌아간다. 따라서 받는 복도 그 한계만큼이 된다. 마치 간이 중요하다고 생각하여 여기에 좋은 음식이나 약만 많이 먹는다면 간은 좋아지겠지만 목극토의 원리로 비장이 나빠지게 되어 결국 몸 전체를 보면 오히려 해가 되는 것과 마찬가지이다.

이에 비해 경계가 없는 실상을 깨닫고 있는 바탕 위에서 실상과 같이 분별심 없이 선을 행하면 그 복은 전체에 미친다. 마치 간이나 비장과 같은 몸의 한 부분만을 보는 것이 아니라 전체가 유기적으로 연결되어 있음을 보고 치료를 행하는 것과 같다. 그런데 전체는 무한하므로 그 받는 과보 역시 무한하게 된다. 4장에서 "무주상보시를 행하면 그 복덕이 허공처럼 헤아릴 수 없이 많다" 한 것은 이를 두고 하는 말이다.

제11장 「무위복승분無爲福勝分」은 '무위심으로 짓는 복이 수승하다'는 의미이다. 여기서의 무위복은 『금강경』을 받아 지니고 독송하며 남에게 설해주되, 그 내용대로 분별심 없이 행해서 생기는 복을 말한다. 이러한 복은 항하의 모래만

큼 많은 보석이나 신명身命으로 보시하는 공덕보다 크다고 한다. 이 내용은 8장, 13장, 24장, 32장에도 반복해서 나오고 있고 "여래는 진실을 말하는 사람"14장이라고 강조도 하고 있으므로 이 언급이 단순히 『금강경』이 훌륭하다는 것을 나타내기 위한 비유라고 생각하기 어렵다. 그렇다면 이 경전을 수지하며 내지 남에게 사구게 만이라도 전해주는 공덕이 그렇듯 무한하게 많은 이유는 무엇인가?

『금강경』은 세상이 분리되지 않고 하나인 실상에 대한 지혜를 바탕으로 이를 실천하는 보살도를 설하고 있는 경전이다. 이를 수지하고 독송한다는 것은 이러한 실상에 대한 지혜가 있거나 최소한 이를 의심 없이 믿고 받아들인다는 의미이다. 6장에서는 "일념이라도 청정한 믿음을 내는 이"라고 표현하고 있다. 청정하다는 것은 거역하는 마음이나 의심이 한 터럭만큼이라도 없다는 것이다. 그리하여 나와 남을 분리하는 마음이 없어야 다른 이에게 설해줄 수 있다. 15장 「지경공덕분持經功德分」에서는 "소승법을 좋아하는 이들은 아견·인견·중생견·수자견에 집착하여 이 경전을 듣고 받아들이고 읽고 외우며 다른 이를 위해 해설해줄 수 없다"고 하였다.

　이 경전을 받아들이고 남에게 바르게 전해준다는 것은
아상이 없을 때 가능한 일이다. 경전을 수지하여도 '내'가
수지한다는 생각이 없고 다른 이에게 전해주어도 '남'이라
는 분별이 없다. 또한 복덕과 악덕에 대한 분별심도 없고
이 경전을 설해주어서 자신이 복덕을 받고자 하는 생각도
물론 없다. 이렇게 법을 전해야 경전의 본뜻에 부합하는
것이고 받아들이는 이도 거스르는 마음 없이 온전하게 수
긍할 수 있다. 전문용어로 하면 무루법인 경전을 무위심으
로 전해준다는 것이다. 큰 재물을 희사하거나 자신의 목숨
까지 남을 위해 희생하는 것도 매우 큰 선행이고 받는 복
이 크지만 그것은 유위법이므로 복덕의 많고 적음을 말할
수 있다. 그러나 전체가 하나인 마음으로 선을 행하면 그
복덕이 전체에 미치므로 크기를 말할 수가 없다. 유위복과
무위복은 마치 유한수와 무한수의 관계와 같아서 비교할
수가 없는 것이다. '법계를 통틀어 교화한다'는 의미의 「법
계통화분法界通化分」 19장에서 "복덕이 없기 때문에 여래는 복
덕이 많다고 설한다"고 한 것은 이러한 소식을 전하고 있

는 내용이다. 다시 말해서 '있다'고 하면 수량을 셀 수 있어서 아무리 많아도 그보다 많은 것보다는 적은, 끝없이 상대적인 내용이 될 수밖에 없지만, 무위심으로 행하면 무한이 되어 버리기 때문에 있다가 없어졌을 때 생기는 '없음'이 아니라 절대의 없음, 수량을 헤아릴 수 없는 없음이 된다. 이러한 없음은 어떤 유한수보다도 많은, 절대의 많음이 된다는 말이다.

한 몸이므로 알 수 있다

 이제 마지막으로 18장 「일체동관분」의 내용을 고찰해 보자. 이 장에서 석존은 여래에게 육안·천안·혜안·법안·불안이 있느냐고 묻고, 있다는 수보리의 답변을 기다린 뒤 여래는 이러한 눈으로 항하의 모래보다 많은 세계 중생들의 다종다양한 마음을 모두 다 안다고 설한다. 6장에서도 여래는 중생들이 과거와 미래에 이 『금강경』 구절을 듣고 청정한 믿음을 내어 무량한 복덕을 받는 모습을 다 알고 본다고 하였다.

 불교 경전에서는 일반적으로 지혜로 보는 것은 안다知고 표현하고 눈으로 보는 것은 본다見는 동사를 사용하지만 엄밀하게 나누어지는 것은 아니다. 또 과거나 미래의 일에 대해서는 안다 하고 현재 일어나는 것은 본다고 말하기도 한다. 무착은 『금강반야론』에서 수·상·행·식에 대해서는 안다고 말하고 색신에 대해서는 본다고 표현한다고 주석하고 있다. 형체가 있는 것은 눈으로, 형체가 없는 것은 지혜로 아는 것으로 나눈 것이지만 사실 이 두 가지가 분리되어 있는 것은 아니므로 종종 호환하여 사용된다. 어쨌거나 이 경문에서 주안점은 붓다가 과거와 미래를 포함하여 세상의 일체 모습을 알고 본다는 내용이다. 혹자는 이 경문의 구절이 중생들의 '마음'을 안다고 하였지 외형으로 드러나는 일체 세속법을 안다는 것은 아니라고 이해할 수도 있을 것이다. 하지만 마음은 색신과 분리되어 따로 있는 것이 아니다. '색심불이'라는 『대승기신론』의 구절에서 이미 본 바와 같다. 또한 산이나 강과 같이 무심無心의 존재라 할지라도 중생의 마음에 투영되지 않는 법은 없기 때문에 중생들의 온갖 마음을 안다는 것은 세상의 일체법을 안다는 것과 같은 의미가 된다.

붓다가 과거와 미래를 포함하여 세상의 모든 것을 알고

본다는 것은 이 경문에만 있는 것이 아니라 『화엄경』, 『법화경』, 『대품반야경』, 『열반경』 등과 같은 유명 대승경전에도 나오고 『장아함』, 『잡아함』과 같은 초기경전에도 언급되어 있는 것이다. 석가모니 붓다와 같은 인간이 과연 이렇게 모두 아는 것이 가능한가 하는 문제는 일단 차치하고 적어도 붓다가 모든 것을 아는 일체지자임은 대소승 경론에 공통된 언급이므로 이를 전제한 뒤에 논의를 진전시킬 필요가 있다. 이 경문에서 여래는 육안 내지 불안이 있어서 일체법을 다 볼 수 있다고 말하였다. 육안 내지 불안을 불교학에서는 오안五眼이라고 한다.

먼저 육안肉眼은 중생들이 가지고 있는 보통의 눈이다. 육안으로 보는 것은 종이나 개체에 따라 능력의 차이가 있기는 하지만 시간이나 공간적으로 멀거나, 산이나 벽과 같은 장애가 있으면 보지 못한다는 점은 공통의 한계이다. 천안天眼은 천신들이 가지고 있는 눈인데 인간도 수행을 통해 천안통이 열리면 이 눈과 같은 작용을 얻을 수 있다. 천안으로는 장애물 너머에 있는 사물을 볼 수 있고 빛이 없어도 볼 수 있으며 미래의 일도 볼 수 있다. 우리가 현미경을 통해 미세한 것을 보거나 망원경을 통해 멀리 떨어져 있는 것을 보는 것은 육안이 갖추지 못한 천안의 능력을 기술을 통해 얻은 것이라고 이해해도 좋다. 하지만 천안이라 해도 그가 속한 천계가 육욕천의 어느 하늘이냐, 혹은 색계의 어느 곳이냐에 따라 보는 능력의 차이가 있다. 육안과 천안은 모두 도를 깨닫지 못한 범부의 눈이다.

혜안부터 불안까지 세 가지는 성인의 눈이다. 혜안慧眼이란 도를 깨달아서 반야지를 얻었을 때 갖게 되는 눈이다. 즉, 일체 모든 법은 고유한 성질과 모습이 없는 공이어서 개체 간에 분리되는 경계가 없고 각 개체들도 끊임없이 변하므로 공간적으로나 시간적으로 붙잡을 수 있는 실체가 없는 실상을 보는 눈이다. 법안法眼은 여기서 한 걸음 더 나아가 세속의 약속에 따라 분리되고 고정되어 있는 모습을 보는 눈이다. 보살들이 중생을 제도하기 위해서는 이러한 세속의 진리를 보는 눈을 가져야 한다. 앞에서 인용한 "산은 산, 물은 물"이라는 선시를 놓고 예를 든다면 "산은 산, 물은 물"이라는 처음 구절은 육안이나 천안으로 보는 경계이다. 나아가서 "산이 곧 물, 물이 곧 산"임을 보는 경지는 혜안으로 보는 사물의 본래 모습이고 다시 "산은 산, 물은 물"이라고 보는 마지막 구절은 법안으로 보는 모습이다. 법안은 보살들이 수행해 나가는 정도에 따라서 점차 그 볼 수 있는 범위가 확대된다.

마지막으로 불안佛眼은 최상의 지혜를 얻은 붓다가 진공묘유眞空妙有의 궁극적 실상을 보는 눈이다. 내용적으로는 법안과 다를 바 없으나 그 보는 범위에 한계가 없어서 알지 못하고 보지 못하는 것이 없다. 요가수행 등을 통해 차크라가 열렸을 때 얻어지는 제3의 눈, 혹은 영안靈眼을 묘사할 때 보통 양 눈 사이의 미간에 있는 것으로 그리지만 혜안 내지 불안은 육안과 별도로 있는 것이 아니어서 외형상으로는 범부가 가진 눈과 큰 차이점을 찾기 어렵다. 『대지도론』이나 천태학에서는 성인들의 경지와 능력별로 나뉘는 이 세 가지 눈이 각각 일체지一切智, 도종지道種智, 일체종지一切種智라는 세 가지 지혜에 따라 생기는 것이라 한다. 즉, 일체지와 혜안으로써 공제空諦를 알고 보며, 도종지와 법안으로써 가제假諦를, 일체종지와 불안으로써 중제中諦를 알고 본다는 것이다.

그렇다면 어떤 이치에 의해서 붓다는 이렇듯 헤아릴 수 없이 많은 세상의 법들과 끝없이 출현하는 중생들의 마음을 다 알고 본다는 것일까? 붓다의 경지에 올라보지 못하였으니 미루어 추측할 수밖에 없는 문제이지만 이 또한 세상에는 시·공간적으로 경계가 없다는 것이 그 근거라고 생각된다.

일반적으로 우리는 자신의 몸이 미세하게 운동하거나 변화하는 모습을 알지 못한다. 건강한 성인이라면 보통 5초마다 1회 정도 눈을 깜박이고 1분에 16회 내지 20회 가량 호흡을 한다고 한다. 잠자는 시간을 제외하면 하루 1만여 회 눈을 깜박이고, 1만5천 번 내지 1만9천 번 호흡을 하는 셈이다. 하지만 자신이 지금 눈을 깜박이고 있는지, 호흡에 따라 배가 불렀다가 꺼지고 있는지 자각하는 사람은 거의 없다. 그러다가 가만히 앉아 자신의 몸을 관찰하는 수행을 한다면 숨결이 코끝을 스치는 것을, 호흡에 따라 배가 불룩해지고 꺼지는 것을 느낄 수 있다. 이를 자신의 몸을 본다, 혹은 관찰한다고 한다. 이렇듯 마음먹기에 따라 쉽사리 볼 수 있는 것은 눈과 배가 자신의 의식이 미치는 곳에 있기 때문이다. 다시 말하면 자신이 마음을 일으키는 곳과 눈, 혹은 배가 분리되지 않고 연결되어 있기 때문이다. 그렇다면 지금까지 누누이 설명하였듯이 세계는 분리되지 않고 하나라는 것이 사실이라면 어떨까? 나와 시간적으로나 공간적으로 멀리 떨어져 있다고 여겨지는 것에도 의식을 보내어 그 상태를 알 수 있지 않을까?

물질과 마음이 별개의 것이 아니고 나와 남이 연결되어 있다는 것은 일상적으로도 조금씩 경험할 수 있는 사실이다. 속으로 어떤 노래를 흥얼거리고 있는데 마주친 사람이 그 노래를 부르는 경험, 마음속으로 어떤 사람을 생각하고 있는데 그 사람이 나타나는 경험 등을 모두 한두 번씩은 하였을 것이다. 몇 년 전 론다 번Rhonda Byrne이라는 여성이 쓴 『시크릿Secret』이라는 책은 전 세계에서 베스트셀러가 되었다. 그가 세계가 하나라는 사실을 염두에 두고 있었는지는 모르지만 마음을 하나로 모으는 '끌어당김의 법칙law of attraction'을 통해 부와 명예를 얻은 사례들을 모아놓은 이 책이 많은 사람의 공감을 얻은 것은 분명하다. 세계의 생명과 무생물들이 하나로 연결되어 있어서 한 몸과 같다면 그 사실을 활용하여 이렇게 다양한 성취를 이룰 수 있는데 하물며 그것을 알고 보는 것을 못할 리가 있겠는가.

혹자는 질문할 수 있을 것이다. 세계가 한 몸이라는 것을 인정하고 안다고 해도 다른 것들에게 내 마음이 미치지 못하는 것이 현실이 아니냐고. 어떻게 한 몸이라 할 수 있겠느냐고. 이에 대한 답변은 "그것은 앎에서 끝나지 않고 훈련을 해야 가능하다"이다. 나의 한 몸에 대해서도 일상에서 의식을 보낸다면 거친 움직임은 알 수 있지만 심장이나 위장의 운동과 같은 내장의 움직임, 몸 안을 돌고 있는 피나기의 흐름과 같이 미세한 것은 오랜 훈련과 연습을 통해서야 알 수 있다. 오랜 선정 훈련을 하여 마음을 통제할 수 있고 섬세하게 사용할 수 있다면 이러한 미세한 움직임을 놓치지 않고 감지할 수 있다.

세계의 모습을 알 수 있는 원리도 이와 같다. 여기서 첫번째 문제는 바깥의 세계가 나와 분리된 것이 아님을 확신해야만 가능하다는 점이다. 평소 나의 힘은 이 정도라고 한계를 지으면 그 정도의 힘이 나오고, 나의 인지능력으로 이정도만 알 수 있다고 생각하면 그 정도 안에서만 알 수 있다. 어떤 어머니가 자식이 자동차 밑에 깔리는 위급한 상황에 처하자 그 차의 한쪽을 들어서 아이를 구출하였다는 해외토픽의 기사는 자신의 한계를 잊어버렸을 때 어떤 능력을 발휘할 수 있는지를 보여주는 한 사례이다.

이 장의 제목을 '하나의 몸으로서 똑같이 관찰한다'는 의미인 '일체동관분—體同觀分'으로 명명한 것에는 세계가 한 몸이라는 사고를 반영한 것이라 생각된다. "법성원융 무이상"으로 시작하는 의상대사의 「법성게法性偈」에 "일즉일체다즉일—卽—切多卽—"이라는 유명한 구절이 있다. 색심불이色心不二이고 자타불이自他不二인 것이 세계의 실상이므로 전체는 하나와 분리되지 않고 하나는 전체와 뗄 수 없다는 말이다. 이러한 원리가 바탕이 되면 어느 하나를 잡아도 전체를 알고 볼 수 있게 된다.

붓다가 오안을 가지고 세계의 모든 것을 다 볼 수 있는 이유에 대해 경문에서는 "여래가 설하는 마음은 모두 마음이 아니기 때문"이라고 하였다. 물질과 마음은 본래 분리되어 있는 것이 아니므로 마음이라는 실체가 따로 있는 것이 아니다. 또한 개체와 개체가 분리될 수 없고 마음 역시 크기나 형체가 있는 것이 아니므로 이 사람의 마음, 저 축생의 마음으로 나누어지는 것이 아니라는 뜻이다. 공간적으로 분리되어 있지 않은 것은 '한 몸'이라 말할 수 있고 그렇게 알고 보면 그렇게 전체를 보는 능력을 일으킬 수 있을 것이다.

이 장에서는 또 모든 것을 알 수 있는 이유로서 "과거의 마음은 얻을 수 없고 현재의 마음도 얻을 수 없으며 미래의 마음도 얻을 수 없다"는 것을 들고 있다. 과거의 마음과 현재의 마음 사이에 경계가 있어서 그것들 각자를 얻을 수 있다면 현재의 마음으로 과거의 마음에 도달하는 것은 불가능하다. 미래의 마음 또한 별도로 있는 것이 아니라 현재의 마음에 연결된 연장선이므로 현재의 마음 그대로 미래의 마음을 알 수 있다. 모든 마음은 시간적으로 분리되지 않고 하나로 연결되어 있기 때문에 과거이든 미래이든 의식이 도달하는 것이 가능하다.

세계의 모습을 실상 그대로 볼 수 있기 위한 두 번째 문제는 타인의 마음, 먼 세계의 일에까지 마음이 미칠 수 있도록 마음을 자유자재로 사용하는 연습을 하는 것이다. 이

것은 선정이라는 방법을 통해 가능하다. 보통 사람들은 평소 눈에 보이는 대상에 홀려서, 귀에 들리는 소리에 정신이 팔려서 자신의 몸과 마음이 어떻게 움직이는지 알지 못한다. 걷고 앉고, 먹고 자는 여러 가지 행동은 평소의 습관에 따라, 주변의 상황에 따라 정해지는 것일 뿐 내 스스로의 의지로 결정되는 것은 거의 없다. 선정은 밖으로 향하던 내 마음, 산란하던 의식들을 차분히 가라앉혀 자신을 들여다보는 것에서 시작한다. 그리하여 마음이 24시간 자신의 통제 속에 들어오면 몸과 마음의 실상을 알고 볼 수 있다. 이것이 확장되면 타인, 혹은 타자라고 불리는 대상에까지 알고 보는 경계가 확장된다. 이러한 선정을 통해서 일체가 공임을 깨달을 수 있을 뿐 아니라 세상의 섬세한 움직임, 원리들도 알 수 있게 된다. 보살들이 얻는 중생제도의 방편도 모두 선정을 통해 얻는 것이다.

타인의 마음을 아는 것을 타심통他心通이라 하고 과거의 일을 아는 것을 숙명통宿命通이라 한다. 이러한 신통이 가능한 것은 근본적으로 나와 남, 과거와 현재가 분리되어 있지 않기 때문이다. 세계가 한 몸과 같다면 내 신체 가운데 발가락의 움직임을 알 수 있듯이, 귀의 가려움을 느낄 수 있듯이 마음을 통해 세상 모든 일을 알 수 있다. 또한 과거와 현재 사이에는 간극이 없으므로 현재의 모습을 섬세하게 관찰한다면 과거 역시 알 수 있다. 과거의 마음은 현재의 마음에 이어져 있고, 현재의 마음은 현재의 색신에 투영되어 나타난다. 색심불이이기 때문이다. 붓다는 마음을 스스로 통제하여 전체가 하나인 세상에서 아무리 먼 끝이라도 그 마음을 보내어 알 수 있는 훈련이 된 사람이 아닐까.

내 마음이 만드는 경계선

『금강경』은 짧은 경전이지만 매우 다양한 내용을 담고 있다. 이 글에서는 분리되는 경계가 없는 세계의 실상, 보살이 행하는 실천도와 그때의 마음가짐, 무량한 복이 생기는 이치, 붓다의 무한한 능력과 본질, 그리고 언어가 갖는 성격과 한계 등을 고찰하였다. 이 경전은 바로 이 마지막 주제인 언어의 제한성을 잘 인지하고 이를 넘어서 자유롭게 활용하고 있기 때문에 독자에 따라서는 이 밖에도 많은 의미와 교훈을 읽어낼 수 있을 것이다. 이 경전의 논리적 근거는 이보다 더 짧은 『반야심경』에 핵심이 설해져 있으므로 두 경전을 잘 조합하여 읽는다면 전체적인 맥락을 잡기가 수월하다.

　이 두 경전의 키워드인 반야는 세계의 본질적 모습을 바라보는 지혜이다. 그 세계는 우리가 일상적으로 보는 현상으로서의 삼라만상이 아니라 진여의 세계이다. 진여眞如란 '참 그대로'라는 의미이니 언어가 붙기 이전, 작위적인 분별이 가해지기 이전의 모습으로서 하나인 세계이다. 세계가 하나라고 하면 인간과 동물, 생물과 자연환경 등 여러 가지 개별적 존재가 모여서 분쟁 없이 조화를 이루어내는 모습을 떠올리기 쉽지만 여기서는 그것을 말하는 것이 아니다. 전체를 이루는 부분으로서 개별들이 존재하는 것이 아니라 더 근본적으로 이들 사이에 분리되는 경계선이 없는, 시작부터 한 몸인 하나이다. 이 세계는 본래 전체가 하나의 유기체인 것이다. 그런데 이 유기체를 이루고 있는 것은 단단한 알갱이가 아니라 텅 빈 허공이고, 허공이 모여서 이루어낸 환영과 같은 유기체는 끊임없이 유동하며 변화하고 있기 때문에 고정된 모습이나 실체를 잡을 수가 없다. 개별적 모습도 잡을 수 없고 전체적 모습도 취할 수 없으므로 '상이 없다無相'고 하고 이러한 실상의 특성을 한마디로 공이라고 부른다. 이렇듯 무상이고 공인 모습을 보는 지혜가 반야이다.

그런데 왜 우리 같은 범부들은 이러한 반야지를 갖지 못하고 세계에 경계선을 긋는 것인가. 사물을 분리해서 인식하는 것에 어떠한 문제가 있는가. 조금 전문적인 내용이 되겠지만 『유가사지론』에서는 범부들이 세상을 분별하는 것에 여덟 종류가 있다고 하였다. 그것은 자성분별·차별분별·총집분별·아분별·아소분별·애분별·비애분별·피구상위분별이다. 이들은 다시 차례대로 세 가지, 두 가지, 세 가지를 하나로 묶어 세 부류로 나누어진다.

첫 번째 부류에 속하는 것으로서 자성自性분별이란 개별적 존재, 혹은 그 존재를 이루는 구성요소들로서 법이 갖는 개별적 특성을 분별하는 것이고, 하나의 법을 다른 법들과 비교하여 나타나는 차이점을 구분하는 것이 차별差別분별이다. 총집總執분별이란 개별적 사물들에게 나타나는 특성들 가운데 유사한 점, 즉 중동분衆同分을 찾아 이러한 성질들을 갖는 개체들을 하나로 묶어 보편자를 추출하는 것이다. 이러한 분별이 행해진 뒤에는 분별된 개별자, 혹은 보편자들에게 고유한 명칭이 부여된다. 이러한 작업은 사실 살아가는 가운데, 혹은 전문적 분과학문에서 일상적으로 행하는 것으로서 사물을 이해하고 그것들을 생활에 유용하게 쓸 수 있는 지식을 제공하는 수단이 된다. 하지만 이 분별은 종종 정답을 정할 수 없는 논쟁을 야기하니 『유가사지론』에서도 이 세 가지 분별을 통해 각 사물에 이름을 붙이게 되고 이것이 소모적 논쟁인 희론戱論을 낳게 된다고 말하고 있다.

두 번째 부류인 아我와 아소我所분별은 나와 내 것이라고 분별하는 것이다. 나와 내 것이 있다고 보면 여기에 상대되는 남과 남의 것이 생기게 된다. 이 두 가지 분별은 온갖 사견을 낳고 자만심을 일으키는 원인이 된다고 한다. 또한 세 번째 부류인 마지막 세 가지 분별을 일으키는 직접 원인으로도 작용한다.

세 번째 부류 가운데 애愛와 비애非愛분별은 애착하는 대상과 애착하지 않는 대상을 나누는 것이다. 그리고 애착하거나 배척하는 것이 아닌, 이 둘 모두와 다른 것을 피구상위彼俱相違분별이라고 한다. 이들은 탐욕과 분노, 그리고 어리석음의 원인이 된다고 한다.

　일반적으로 첫 번째 부류에 속하는 세 가지 분별은 자연세계에 대한 것이고 두 번째 부류는 그것을 인식하는 주체이면서 한편으로는 인식되는 대상으로서 객체화되는 것, 세 번째 부류는 인식주체 안의 주관적 감정과 관련되는 것으로 이해된다. 첫 번째 부류의 분별은 물리학, 생물학, 화학 등 자연과학에서 주로 행하는 것으로 매우 객관적이고 엄밀한 것으로 받아들여지지만 사실 그것은 객관적이고 엄밀하지 않다. 에스키모인들은 눈을 20여 가지로 분별하고 화가들은 색깔을 수백 가지로 세분하며 의학에서는 뼈 한 마디도 뼈끝, 뼈끝판, 뼈몸통 등으로 섬세하게 구분하는 것처럼 객관세계에 대한 분별은 시대와 장소, 그리고 학문 분야에 따라 다종다양하게 나타나는 것이 이를 보여준다. 즉, 객관세계에 대한 분별도 근본적으로는 경계선이 없는 것에 대해 필요에 따라 임의로 선을 긋는, 자의성이 강한 일이라는 것이다. 그리고 이러한 분별은 종종 두 번째 부류와 세 번째 부류의 분별로 연결되어 좋은 것과 나쁜 것, 나의 편과 남의 편이라는 이분법적 사고로 이어지게 만든다.

앞에서 살펴보았듯이 '나'는 단단한 물질이 이루고 있는 폐곡선적 존재가 아니어서 타와 엄밀하게 구별할 수가 없고 그것을 이루고 있는 요소들도 끊임없이 변화하고 있어서 실체를 잡을 수가 없다. 그리고 좋아하거나 싫어하는 대상은 사물에 고정된 성질이 아니라 나와 연관되어 나타나는 매우 주관적인 분별이다. 나라는 선을 그으면 나의 편에 있는 것에 대해서는 애착이, 남의 편에 서 있는 것에 대해서는 배척이 일어난다. 이는 누구에게나 무의식으로서 항상 작용하고 있는 제7 말나식의 특성 가운데 아애我愛가 있기 때문이다. 나와 남을 구분하는 경계선이 나라는 개체와 다른 개체 전체의 사이에 그어져 있다면 이기주의자가 될 것이고 우리 마을과 여타의 마을 사이에 그어져 있다면 지역이기주의가 된다. 우리나라와 다른 나라 사이에 경계선이 그어진다면 국가이기주의라 할 것이고 우리 인종과 다른 인종 사이에 그어지면 인종차별주의가 될 것이다. 또한 인간이나 생물만이 경계선 안에 있다면 생태파괴나 환경파괴의 결과로 귀결될 수 있다.

절대적으로 악한 사람이나 단체가 있어서 사회를 불행

하게 만드는 가운데 선하고 능력 있는 영웅이 나타나 이들을 물리쳐 세상의 평화를 가져오는 식의 이야기 구조를 가지는 블록버스터 영화는 픽션이라 하더라도 은연중 이러한 이분법적 사고가 바탕이 된 것이다. 선한 생물과 악한 생물, 혹은 나에게 이로운 균과 해로운 균이 본래 나누어지는 것이 아닌데 잠시 해로운 작용을 일으킨 세균을 박멸하여 병을 없애려고 하는 태도는 지금도 여전히 의학계에 퍼져 있는 것으로 보인다. 암 세포와 정상 세포 사이에는 경계가 없는데 암 세포를 잘라 내거나 죽여서 암을 치료하려는 것도 역시 이분법적 사고가 바탕이 된 것으로 생각된다.

본래 구별되는 명확한 경계선이 없는 세상은 여여하게 하나로 있다. 그런데 거기에 경계선을 긋는 순간 새로운 사물이 생긴다. 하나인 땅에 선을 그으면 산과 들이 생겨나고 그 산에 선을 두 개 그으면 초입과 중턱과 봉우리가 생겨난다. 하루의 시간에 선을 하나 그으면 낮과 밤이 생기고 낮에 선을 두 개 그으면 아침과 점심, 저녁이 생긴다. 세상의 존재는 경계선을 그음에 따라 자꾸자꾸 늘어난다. 경계선을 그음에 따라 존재만 생기는 것이 아니고 가치도 생겨난다. 고귀한 생명이라는 울타리를 사람에게만 치면 살인이 악이 되고, 동물까지 확장하면 살생이 악이 된다. 본래 생멸이 없는 세상에 대해 경계선을 그음으로써 생멸이 있게 되고, 본래 존재하지 않던 개별적 사물이나 가치가 분리선을 그음으로써 새로운 존재와 가치로 나타난다. 이러한 경계선은 사물 자체의 속성이 아니라 허공에 그리는 그림처럼 마음이 긋는다. 결국 세상의 존재를 만들어내는 것은 마음에 달려 있음을 알 수 있다. 이를 불가에서는 흔히 '일체유심조—切唯心造'라고 부른다.

세상의 모든 분별은 정도의 차이는 있으나 기본적으로는 주관에 달려 있는 것이다. 그러한 분별을 통해 이로운 점도 있고 생활을 편리하게 하는 측면도 있으나, 그것은 분별 자체가 세상에 원래 있는 것으로 착각하게 만들고 문제의 원인을 외부에서 찾으려는 태도로 귀결되기 십상이다. 또한 자유로운 사고와 행동을 틀에 가두는 결과로 나타나기도 한다. 반야는 이러한 전도되고 제한을 야기하는 분별심을 제거하는 것이다. 분별심이 없다면 탐진치의 삼독이 사라지고 아상 내지 수자상이 설 자리를 잃게 된다. 이러한 바탕 위에서 다시 분별을 행하게 되면 거기에 따르는 문제점은 사라지고 고착되지 않은 사고를 행하여 사물을 말 그대로 객관적으로 관찰하는 것이 가능해진다.

반야를 얻기 위해서는 언어가 끊어져 분별을 하지 않는 깊은 선정에 들어가는 것이 필수이다. 마치 여러 가지 폴더로 분리되고 복잡한 프로그램들이 얽히고설킨 컴퓨터를 깨끗하게 포맷하듯이 이름과 경계선을 사고에서 지워야 한다. 이를 불교경전에서는 '언어의 길이 끊어지고 마음의 작용이 사라진다言語道斷 心行處滅'고 부른다. 그러면 비로소 분리되기 이전, 언어가 붙기 이전의 하나인 세계가 온전하게 그 모습을 드러낸다. 세계가 하나임을 깨닫고 나와 남이 분리되지 않음을 온 몸으로 체득한다면 아상 내지 수자상이 사라지고 세계를 청정하게 하는 길에 나서게 되니 이들이 바로 진정한 보살이다. 이러한 보살은 중생들의 행복을 위해 자신을 끝없이 헌신한다 해도 내가 남을 위해 봉사하고 희생한다는 생각이 없다. 그러한 보살들이 충만한 세계를 불국토라 하고 이러한 세계를 이루기 위한 이론과 실천 방법을 설하고 있는 것이 『반야심경』과 『금강경』이다.

그러므로 이 두 경전은 본래 선정 삼매가 수반되어야 제대로 이해할 수 있다. 깊은 사유를 행한 독자가 무경계의 실상을 올바르게 이해하여 보살도의 실천에 나서게 되어야 비로소 이 책들은 존재의 이유가 온전히 실현되는 것이다. 하지만 그렇게까지 나아가지 못하더라도 언어에 얽매어 세상을 분리된 것으로 바라보는 세계관, 나와 남을 나누어보는 이분법적 사고, 그리고 내가 원인이 된 문제를 다른 것에 책임을 돌리려는 이기적 태도는 자연의 진리와 부합하지 않고 세상의 평화도, 개인적 행복도 얻을 수 없다는 원리를 이해할 수 있다면 이 두 경전을 읽는 데 투자한 시간은 결코 헛된 것이 아니다.

金剛經 · 般若心經